Ernest Zederbauer

Rundumadum

4 Jahreszeiten – 43 Tage – 850 km zu Fuß durch das Waldviertel

Ernest Zederbauer

Rundumadum

4 Jahreszeiten – 43 Tage – 850 km zu Fuß durch das

Waldviertel

KRAL VERLAG

J. F. Kennedyplatz 2, 2560 Berndorf
E-mail: office@kral-verlag.at, www.kral-verlag.at

Für den Inhalt verantwortlich: Ernest Zederbauer
Umschlag und Buchgestaltung: Tina Gerstenmayer,
D&K Publishing Service, Wien | www.dkwp.at

Schrift: Palatino Linotype
Erschienen in Berndorf im Frühjahr 2019
ISBN 978-3-99024-843-0
Erste Auflage / Gedruckt in der EU

Inhaltsverzeichnis

Winter: schwarze Strecke
Frühling: grüne Strecke
Sommer: blaue Strecke
Herbst: rote Strecke

Vorwort

Irgendwann in den 70er-Jahren fiel mir ein Buch in die Hände, welches mich begeisterte. Es hieß „Das andere Amerika" und war ein Bericht von einem gewissen Peter Jenkins, der 3000 km durch Amerika gewandert war. Ich habe dieses Buch nicht nur einmal, sondern mindestens fünfmal gelesen.

Seit damals geistert eine Idee durch meinen Kopf – eine „Expedition" durch das Waldviertel in allen vier Jahreszeiten. Also: 10 Tage im Winter, 10 Tage im Frühjahr, 10 Tage im Sommer, 10 Tage im Herbst. Letztendlich sind es 43 Tage geworden, kreuz und quer durch das ganze Land. Keine 3000 Kilometer natürlich, so groß ist unser Waldviertel nicht. In der Freizeitkarte „Waldviertel" habe ich all jene Orte angestrichen, die ich dabei besuchen wollte. Grün für landschaftliche Höhepunkte, rosa für kulturelle. Ein ganzes Jahr mein geliebtes Waldviertel erkunden, bekannte und neue Wege gehen, mit interessanten Leuten sprechen. Mit Waldviertler Persönlichkeiten, die sich für das Land verdient gemacht haben: Schriftsteller, Heimatforscher, Wirtschaftstreibende, Museumsgründer oder alte Menschen, die von früher erzählen. Mein Plan war, den Weg im Winter zu beginnen und unterwegs die größten Wintersportorte des Waldviertels zu besuchen.

So also erzählt das Buch von Menschen und Orten, von bekannten Wegen und verborgenen Pfaden, vom Wilden und vom Heiligen der Natur, von allseits bekannten Sehenswürdigkeiten, aber auch von jenen, die versteckt im Verstecktesten liegen und uns nicht so vertraut sind. Es spricht zu allen Menschen, die nach der Wurzel ihrer Zugehörigkeit zum Land in dem sie leben, suchen.

Das Waldviertel ist meine Heimat. Für mich ist der Begriff „Heimat" ein Ausdruck meiner Seele, kein politischer Missbrauch, keine romantische Floskel, sondern ein tief verwurzeltes Gefühl von Geborgenheit, Vertrautheit und Liebe. Obwohl ich schon viele Länder unseres arg in Mitleidenschaft gezogenen Planeten besucht habe, so bin ich doch immer wieder gerne hierher zurückgekommen, wo ich mich wohlfühle, ja zuhause bin. Diese Landschaft hat mich geprägt und geformt.

Schließlich und endlich ist das Waldviertel nicht irgendein Landstrich, sondern ein ganz besonderer. Die Sprache der Natur ist hier stärker als anderswo. Das Raunen des Windes in den

Ästen, das Glucksen und Gurgeln in den Wasserläufen, das kraftvolle Schweigen der gewaltigen Steingebilde. Und nirgendwo in Österreich gibt es so viele Burgen, Schlösser und Ruinen, so viele Kraftplätze, so viele Sagen und Mythen und absonderliche Geschichten.

Robert Hamerling, ein Sohn des Waldviertels, hat die Liebe zu seiner Heimat in dem Essay „Die schönste Gegend der Erde" zu Papier gebracht.

Das Waldviertel ist kein Gebirgsland, in welchem öde Bergkolosse auf dunkle Talschluchten herabschauen, die Seele des Menschen ängstigend, aber auch keine einförmig sich hinstreckende Ebene. Berg und Fläche berühren sich in schön ausgeglichener Mischung, in nicht erhabenem, aber anmutigem Wechsel. „Stark bewaldetes Hügelland" nennen es die Geographen.

Ach, die Wälder des Waldviertels! – Urwälder sind sie freilich auch nicht – nicht zu vergleichen mit den riesigen Nachbarwäldern des südlichen Böhmens. Aber etwas ganz anderes doch als die Gehölze mancher Alpengebirgsländer, wo zumeist hohe, aber lächerlich dünne Stämmchen wie Spazierstöcke den unwegsamen, von Schluchten und Erdspalten zerrissenen Berghang hinanstehen. Stämmiger Wald ist`s, oft tiefere Gründe, für welche ich schwärme, zumal wenn massige, weich bemooste Felsblöcke hie und da auf freundlichen Waldwiesen und Lichtungen sich hinstrecken, die leicht zu erklettern sind, auf welchen man halbe Tage lang liegen und träumen und die roten Turmdächer der benachbarten Dörfer betrachten kann ...

Wege sind da, um gegangen zu werden. Das Wandern eröffnet ein Sehen und Denken und ist weit mehr als Flucht und Entkommen; Pfade und Wege führen nicht nur durch eine Gegend, sondern auch zum Fühlen, zum Sein, zum Wissen und nicht zu allerletzt zu uns selbst. Immer wieder werde ich gefragt, warum ich so gerne alleine wandere. Ich habe darüber nachgedacht und bin dabei auf Erstaunliches gestoßen – auf die Kraft und Magie des Alleinseins! Alleinsein kann so leise sein, dass die Gedanken, Gefühle und Träume in der Stille wie Donner klingen. Wenn man nichts anderes hört als den eigenen Atem, den eigenen Tritt. Eine Winterwanderung verstärkt all diese Empfindungen, durch die Ruhe draußen. Alles ist klarer, einfacher. Glasklares Eis, glitzernde Kälte, Erstarrtheit, Durchsicht durch die kahlen Äste der Bäume, Klarheit, Struktur und vor allem das dominante Weiß des Schnees. Das Wandern im Winter bringt vielerlei Vorteile mit sich. Die Stille der Natur ringsum regt an, in sich zu hören, zu meditieren, dem Sinne des Lebens nahe zu kommen. Den Spuren im Schnee zu folgen, um zu den eigenen zurückzukehren. Der Winterwald schenkt uns Zeit und Raum für die Einkehr, Ruhe, Stille und das Kräftesammeln. Die Aktivitäten der Natur sind auf ein Mindestmaß beschränkt, die Tiere halten Winterschlaf, und auch der Mensch zieht sich wieder mehr in seine Behausung zurück, dort, wo er Wärme und Ruhe findet bis zum Frühjahr.

Und so kommt es, dass man stundenlang gehen kann, ohne jemanden zu treffen.

Einer der Beweggründe für solch eine Wanderung ist, dass wir die Gelegenheit bekommen, das Bewusstsein von unserer inneren, spirituellen Lebensreise mit dem Bewusstsein von der äußeren Reise zu verbinden: zu einem Bewusstsein von unserem Körper in Zeit und Raum. Beim Gehen sind wir aber nicht unbeteiligte Beobachter der Landschaft, sondern ein integraler Teil von ihr – und wir wandeln auf Spuren, die nicht nur in die körperliche Außenwelt gehören, sondern auch auf denen unserer inneren Landschaft. Beim Gehen befinden wir uns voll im Hier und Jetzt und erforschen die Schaltstellen, die Beziehung zwischen dem Selbst und dem Anderen, uns selbst und der Welt ringsum.

Ich erinnere mich an meine Hauptschulzeit, in der es noch den Gegenstand „Freiluft" gab. Wir sind damals mit unserem Lehrer hinaus marschiert in das Gabrielental oder sonst wohin rund um Weitra. Diesen Lehrgegenstand gibt es längst nicht mehr und das ist sehr, sehr schade. Der tiefenökologische Aspekt des Freiluftlebens ist vom Stundenplan gestrichen, die Freundschaft mit der Natur auf ein Minimum beschränkt worden. Es gibt auch keine Schulgärten mehr, wo wir Teile des Naturkundeunterrichts verbrachten und das Veredeln von Obstbäumen und Ähnliches mehr erlernten. Eben das „Freiluftleben" im Sinne von Arne Naess, „welches ein gelegentliches, einfaches und uneigennütziges Leben im Zusammenspiel mit der Natur ist, das zu einer Freundschaft und Verantwortung gegenüber der Natur und Schöpfung führen kann!" All das ist dem modernen Menschen im Laufe der Jahrzehnte verloren gegangen. Er hört nicht mehr die Stimme der Flüsse, der Wälder und der Berge. Den Gesang der Vögel, das Gluckern des Wassers im Bach, das Rauschen des Windes. Mag sein, dass dieser Umstand tief in mein Unterbewusstsein eingedrungen und für meine Lust am Wandern verantwortlich ist. Der mobile Sesselmensch von heute verbringt den Großteil seiner Zeit in geschlossenen Räumen. Kennt nur mehr das Gemüse, das Obst aus dem Supermarktregal, aber sieht nicht mehr, wie es wächst und gedeiht, Form und Farbe verändert. Wie soll man einem Stadtkind erklären woher die Milch stammt, wenn es nie zuvor eine Kuh gesehen hat?

So soll auch dieser Bericht von meinem Weg erzählen, dem ich gefolgt bin um Spuren der Vergangenheit zu finden, die immer wieder in der Gegenwart landen. Er soll aber auch davon erzählen, wie glückhaft so eine Wanderung sein kann für den, der Augen und Ohren öffnet für all das Schöne, was uns umgibt. Wandern ist Nahrung für den Körper und die Seele, und nirgendwo lässt es sich besser wandern, als in der vielfältigen und prächtigen Landschaft des Waldviertels – davon bin ich hundertprozentig überzeugt!

Winter

9 Tage

Weitra
Karlstift
Langschlag
Kirchbach
Rapottenstein
Arbesbach
Schönbach
Bad Traunstein
Gutenbrunn
Bärnkopf

Winter

Donnerstag, 19. Jänner 2017 starte ich. Das Thermometer zeigt 17° unter Null, sprich: klirrende Kälte. Aber Sonnenschein ist angesagt. Um 7.40 h lasse ich die Stadt hinter mir. Ziehe durch das altehrwürdige Stadttor hinaus auf den Spitaler Weg, der östliche Himmel beginnt sich zu röten. Eine dicke Schneedecke bedeckt Wiesen und Felder, auf Bäumen und Sträuchern glitzert der Raureif. Am Horizont liegt noch eine dünne Wolkendecke, in der sich vorerst nur zaghaft die Sonne blicken lässt. Kurz darauf steht sie als runde Scheibe in blassem Orange über dem Wald. Schon mit Handschuhen sind meine Finger steif, aber ich muss die Handschuhe ausziehen, um den Auslöser der Kamera drücken zu können. Auch ohne Handschuhe gelingt dieser kleine Handgriff nicht immer. Trotzdem – es ist ein beglückender Moment nach einer Handvoll trüber Tage, an denen sich die Sonne irgendwie, irgendwo versteckte. Der Wetterbericht hat eine Reihe sonniger, jedoch frostiger Tage angekündigt. Doch gegen die Kälte bin ich gut gewappnet. Stille herrscht ringsum, kein Mensch, aber auch kein Tier ist weit und breit zu sehen. Ich bin allein in meinem Glück! Und so strebe ich zügig dem Waldrand zu. Nach dem ersten Marterl verlasse ich den Güterweg in Richtung Hausschachenwald, lasse den Golfplatz rechts liegen. Spuren sind im Schnee zu erkennen, Reifenspuren, Fußspuren von Spaziergängern und ihren Hunden, aber auch von Rehen und Hasen. Am Waldrand steht ein Hochstand, ein Blick zurück zeigt eine Baumgruppe im sich lichtenden Himmel. Durch den Wald komme ich zum Winkelteich, der im Volksmund nur als Forellenteich bekannt ist. Auf der schneebedeckten Eisdecke sind Spuren zu erkennen, und über den Bäumen am gegenüberliegenden Ufer zeigt sich am Horizont das rötliche Licht der Morgensonne. Links vom Teich steht eine ganze Allee mächtiger Eichen, zehn, zwölf Stück, genau habe ich sie nicht gezählt. Oft schon war ich im Sommer hier gewesen an dieser paradiesischen Stelle, habe sie das „kleine Glück am Rande" genannt. Ein guter Platz, auf dem es sich verweilen lässt, der zum Träumen einlädt, Mut und Kraft für einen neuen Tag spendet. Am Wegesrand sind die allgemein üblichen Schilder zu sehen. Achtung Forstarbeit! Radfahren verboten! Reiten verboten! Waldbrandgefahr! Hunde an die Leine! Ich ignoriere sie, da ich zu Fuß unterwegs bin und weder einen Hund besitze noch

links: Eine traumhafte Winterlandschaft breitet sich vor mir aus.

Das Stadttor von Weitra

Feuer anheizen will. Ziehe weiter durch den Wald auf dem gut markierten Forstweg nach St. Wolfgang! Er ist uralt, geschichtsträchtig, wie viele Menschen werden ihn vor mir bereits beschritten haben? Waldarbeiter, Jäger, Wanderer, Spaziergänger, Bauern aus St. Wolfgang auf dem Weg zum Jahrmarkt nach Weitra, Wallfahrer von Weitra in Richtung Kirche St. Wolfgang. Wege verbinden, sie prägen und formen diejenigen, die ihnen folgen.

Der Wald liegt noch im Dunkeln, nur da und dort sickern fingergleich erste Lichtbündel durch die Baumreihen, helle Muster in den Schnee malend. Ein Schranken sperrt plötzlich den Forstweg ab als sichtbares Zeichen, dass ich nun den fürstenbergschen Hoheitsbereich verlasse. Kurz darauf lichtet sich der Wald, und ich blicke auf St. Wolfgang hinunter. Ein traumhaft schöner Anblick mit der mächtigen gotischen Hallenkirche hoch über dem Dorf. Angeblich ist sie die größte Dorfkirche Niederösterreichs, mit wahrhaft Ehrfurcht gebietenden Ausmaßen. Dreischiffig, vierjochig, von gewaltiger Höhe.

Die schneebedeckten Dächer der Höfe und Häuser ducken sich in die schützende Talmulde hinein. Der Horizont ist groß und weit in seiner schier endlosen Weiße, gemalt von Schnee und frostigem Raureif, der Himmel darüber von der zarten Bläue des frühen Morgens gezeichnet. Rauchfahnen streben als grauweiße Wölkchen dem Himmel zu, Zeugnis gebend, dass da unten Menschen wohnen und ihrem Tagwerk nachgehen, der Kälte und dem Frost trotzen. Rechts am Wegesrand steht ein großes Kreuz mit einem geschnitzten Herrgott, der seinen Blick vom Dorfe abwendet, dem Walde zu. Gegenüber ist ein großer Felsblock zu sehen, in dem irgendwer vor langer Zeit mühsam eine Nische herausgemeißelt hat, in der eine Muttergottes „hinter Gittern“ zu sehen ist.

Das Renaissanceschloss Weitra liegt hoch über der Stadt.

Die Landschaft unter mir zeigt sich in Höchstform. Aufgelockert durch Hecken, kleine Haine und Baumgruppen, welche allesamt im allerschönsten Raureif glänzen. Der Pfaffenbach mäandert wie eh und je unreguliert und frei durch den Wiesengrund tief unter mir, von Weiden bestanden, um wenig später in die Lainsitz zu münden. Am Horizont reiht sich Hügelkuppe an Hügelkuppe. Der Wachtberg mit dem Sender, der Nebelstein und der Mandlstein knapp an der Grenze zu Böhmen. Der Blick in die Ferne ist großartig, ja fast von postkartenartiger Kitschigkeit.

Ich betrete die riesige Kirche mit gebührendem Respekt, sie ist viel zu groß für das kleine Dorf mit knapp hundertsechzig Einwohnern. Erbaut von den Grafen von Schaller, von Beginn an als Wallfahrtskirche gedacht zu Ehren Gottes. Mit einem hohen Chor, breiten Strebepfeilern und einem umlaufenden, sich der Niveauhöhe stets anpassendem Kaffgesims. Der Hochaltar, 1694 von Balthasar Dreyer errichtet, ist ein Meisterwerk der Schnitzkunst. Der Anblick der filigranen Säulen mit ihrem transparenten Schnitzwerk regt zum Staunen und Fragen an, wie man so ein Kunstwerk

Die gotische Hallenkirche von St. Wolfgang, erbaut 1406, ist die größte Dorfkirche des Waldviertels.

überhaupt schaffen kann. Die Kirche ist voll an kunsthistorischen Kostbarkeiten. Mit Bildern des Kremser Schmidt, einem in schlichter Größe kunstvoll gefertigten Seitenaltar, einer Handvoll schöner Statuen wie die der beiden Ordensstifter Bernhard und Benedikt und dem Totenschild der Grafen von Mühlwang mit dem Sensenmann an der Orgelempore. Die Hallenkirche besticht nicht nur durch ihre Höhe, sondern auch durch die großartige Akustik. An jedem 25. im Monat findet hier ein Sühne- und Gebetsgottesdienst statt, zu dem Gläubige aus nah und fern kommen. Oft schon habe ich mit unserem Gemischten Chor hier gesungen, und es war jedesmal ein Erlebnis für mich. Pater Markus, ein Zisterzienser vom Stift Zwettl, betreut sowohl diese Pfarre als auch die nächstgelegene in Spital, der Ort jenseits des Berges. Er ist seinen Schäfchen ein wahrhaft guter Hirte, der jeden

Das Prunkstück der Kirche ist der großartige Schnitzaltar von Balthasar Dreyer, errichtet 1694.

Besucher augenzwinkernd an Sinn und Zweck der Opferstöcke erinnert.

Doch mein Weg führt mich wieder den Berg hinauf, vorbei am mit Holzschindeln schön verkleidetem Bienenhaus von Gerhard Wolfsberger, welcher auch den verträumten japanischen Garten gleich um die Ecke errichtet hat, und der auf unglückselige Art und Weise ums Leben gekommen ist. Nun führt mich mein Weg wieder in den Wald hinein, bergab Richtung Spital, einer Katastralgemeinde von Weitra. Vor sechs Jahrzehnten waren Ansichtskarten des Ortes mit der Aufschrift „Der Ahnengau des Führers" versehen, da Hitlers Großmutter von hier stammte. In der Malteserkirche sind wunderbare Fresken aus dem 14. und 17. Jahrhundert zu sehen, darunter ein ausdrucksstarkes Porträt des leidenden Heilands. Ich kehre aber auf meinen Weg hoch über dem Dorfe zu-

Die Steinerne Stube

rück, Richtung Oberwindhag. Im Wald steht einsam und verlassen ein Bagger, dicht mit Schnee bedeckt, der eindeutig vom Winter überrascht wurde. Ich verlasse den Wald und stehe plötzlich auf einer vom Winde verblasenen weglosen Fläche. Doch Fußstapfen vor mir lassen erahnen, dass außer mir auch schon ein anderer Wanderer hier unterwegs war. Ohne zu fragen benütze ich seine Fußabdrücke, welche sich tief im Schnee abzeichnen. Der Weg ist mühsam und beschwerlich, doch zum Glück ändert sich die Situation nach fünfhundert Metern und ich finde wieder den festen Boden eines geräumten Waldweges unter meinen Füßen. Ich habe den Frauhausweg erreicht und ziehe in Richtung Großschönau ostwärts weiter. Obwohl ich den Weg vom Sommer her kenne, bin ich einen Moment lang unschlüssig und biege nach links ab. Hundert Meter weiter erkenne ich meinen Irrtum und drehe wieder um. Immer wieder bleibe ich stehen, da ich mich einfach nicht satt sehen kann an dieser winterlichen Zauberlandschaft. Der Schnee glitzert im flachen Licht der Sonne und funkelt mit den Raureifkristallen auf Sträuchern und Bäumen um die Wette. Ich schreite bequemerweise in der breiten, tief gefrorenen Reifenspur eines Traktors weiter. Unter meinen schweren Bergschuhen ächzen und stöhnen die Riffeln der Spur, wenn sie zusammenbrechen. In der Stille des Waldes dröhnt dies beinahe wie Glockenschläge. Immer wieder ziehe ich an Futterkrippen vorbei, welche ahnen lassen, dass diese extreme Kälte für die Tiere des Waldes ebenso mühselig ist wie für den einsamen Wanderer. Doch die Jäger wissen, was sie dem Wild schuldig sind, und die Krippen sind gut gefüllt mit Heu und rosa glitzernden Lecksteinen aus Salz.

Mein Blick schweift weit über das Land und plötzlich bleibt er am Johannsberg hängen, an dessen Spitze die alte, geheimnisvolle Kirche steht, zu der ich heute noch hin will. Ein Hochstand steht inmitten einer Baumgruppe, solide errichtet auf einem Holzgerüst. Eine Leiter führt hinauf zu einem Holzverschlag mit Sehschlitzen in alle Richtungen. Der Frauhausweg ist hier deckungsgleich mit dem Wünschelrutenweg, der von Großschönau bis auf den Johannsberg führt, und dessen einzelne Stationen durch erklärende Tafeln markiert sind. Dieser Wald im Dreieck zwischen Großschönau, Mistelbach und Oberwindhag ist voller Wunder. Hier findet man zwei der allergrößten Kraftplätze des Oberen Waldviertels, eben die riesigen Steinformationen des sogenannten Frauhauses und der Steinernen Stube.

Diese gewaltigen Granitformationen mit ihren Spalten und Nischen, Überhängen, Bruchlinien und tektonischen Verwerfungen regen die Fantasie an. Sind sie von Riesenhand hin gewürfelt worden, Unterschlupf bietend für Elfen und Waldgeister? Oder sind diese mächtigen Granitblöcke wirklich nur durch hohen Druck und Temperatur empor gestoßenes Tiefengestein, wie es uns die Geologen glaubhaft machen wollen? Der Überlieferung nach sollen sich im schrecklichen Dreißigjährigen Krieg fromme Frauen, also Nonnen, im Frauhaus versteckt haben. Ähnliches hat sich vor nicht allzu langer Zeit zugetragen, als sich hier zu Kriegsende 1945 Soldaten der deutschen Wehrmacht vor den Russen versteckt hatten.

Sowohl die Steinerne Stube, als auch das Frauhaus sind Naturdenkmäler ersten Ranges. Kraftplätze, die wohl schon vor Tausenden von Jahren Schutz und Zuflucht boten, als man noch im Einklang mit der Natur und ihren Zyklen lebte. Dem hier länger Verweilenden schenken sie Kraft, innere Ruhe und aufbauende Energie. Übersensible Menschen jedoch fühlen jähen Schwindel in sich aufsteigen und suchen rasch das Weite. Druiden und Schamanen kannten in früheren Zeiten das Geheimnis der heilenden Steine und führten hier ihre Rituale durch. Geomanten befassen sich mit den hier frei werdenden Schwingungen und mit der Wechselbeziehung zwischen irdischen Energiemustern und kosmischen Strahlungen. Für Geologen liest sich die Waldviertler Landschaft wie ein Kapitel aus dem Lehrbuch. Mein Freund Dr. Fritz Steininger, Geologe und Paläontologe aus Eggenburg, ist vertraut mit der ältesten Vergangenheit Österreichs und der Erde. Ich war mit ihm schon hier in diesem Waldstück voller steinerner Wunder, entstanden im Proterozoikum vor unvorstellbaren 2,5 Milliarden bis 570 Millionen Jahren unserer Zeitrechnung. Damals stand im Waldviertel das höchste Gebirge der Welt, mit dem Wolkenspiegel von unvorstellbaren 11.000 m Höhe. Im Laufe von Millionen Jahren hat sich das Land abgeschliffen und all die bizarren Felsformationen geschaffen. Nirgendwo auf der Welt ist die Kraft dieser Steinkolosse so stark zu spüren wie bei uns im Waldviertel. Kein Wunder also, dass die tonnenschweren Giganten anlassgebend für die Entstehung zahlreicher Sagen und

Blick auf Harmannstein

Legenden unserer Vorfahren waren. Das ganze Land ist voll mit Opfersteinen, Steinernen Stuben, Warzenbründln, Teufels-und Hexenfelsen, Koboldsteinen, Kraftplätzen und Schlüpfsteinen, die Kreuzweh heilen, wenn man sich durchzwängt. All diese bestaunenswerten Granitgebilde sind Denkmäler unserer Erdgeschichte, Zeugen eines millionenalten geologischen Prozesses, großartige Wunder der Natur. Nirgendwo auf der Welt gibt es ihresgleichen in solcher Vielzahl zu bestaunen!

Mein Lieblingsplatz ist das Frauhaus. Unter einem Überhang ist eine Feuerstelle zu sehen, sicher angelegt in einer kleinen Mulde, mit Steinen begrenzt, vom mächtigen Felsblock dahinter geschützt. Der raue Stein ist von einer Rußbahn bis zur oberen Kante geschwärzt, darauf liegt wieder eine Granitplatte, in der Spalte dazwischen ist Feuerholz gelagert. Dann tut sich eine Kluft auf, bedeckt von der tonnenschweren Platte des Überhanges. Abgestumpfte Menschen, die bei solch einen großartigen Anblick nichts mehr empfinden können oder wollen, kann ich nicht verstehen. Mich jedoch hat dieser Teil des weitläufigen

Granitlabyrinths so beeindruckt, dass das Foto davon nun das Cover meines letzten Waldviertel-Krimis mit dem treffenden Titel „Steinhart" ziert. Doch was soll´s, auch ich muss mich losreißen von dieser kraftstrotzenden Stelle und wieder weiter ziehen, meinem nächsten Ziel zu. An der Kreuzung, wo sich die Forststraßen treffen, steht eine kleine Hütte, ideal für meine Mittagspause. Zwei Ungetüme von Traktoren stehen dort und eine riesige Halde von Baumstämmen versperrt mir den Weg, und so muss ich mich erst durchfädeln zum geschützten Unterstand. Meine Thermoskanne hat den Tee brav warm gehalten, ein Wurstbrot stärkt mich für den Weitermarsch und ein paar Minuten später bin ich aus dem Wald draußen und strebe dem nächsten Dorfe zu.

Das Angerdorf Harmannstein, benannt nach seinem Gründer Hadmar von Kuenring, zieht sich malerisch den Hang bis zum Johannsberg hinauf. Hier ist vor zwanzig Jahren Besonderes passiert. Die Lebensgemeinschaft PAN (eine Gemeinschaft mit ca. 65 Leuten) hat sich hier niedergelassen und im Laufe der Zeit ständig vergrößert und ist so zum Dorf im Dorfe geworden. Mit eigener Schule und Kindergarten, einer Landwirtschaft und Gärtnerei, verschiedenen Werkstätten und Veranstaltungsorten, einem kleinen Laden zur Vermarktung von Bioprodukten und einem geschmackvoll eingerichteten Gastraum.

Ich aber nehme den Anstieg zur geheimnisumwitterten Kirche am Johannsberg (839 m). Ein Langläufer kommt mir entgegen, der sich seine Spur selbst gezogen hat. Wir kennen uns und wechseln einige Worte, bevor jeder seinen Weg weiter zieht. Ganz oben am Ortsende steht ein großer Bauernhof, darüber nur die Kirche an der Spitze des Berges. Hier, bei der Familie Zeilinger, holt man sich den Schlüssel für die Kirche. Eingeweihte wie ich greifen einfach in den Briefkasten hinein, wo er aufbewahrt ist. In einem Freiluftstall steht eine Reihe von Kühen, die für einen kurzen Moment mit dem Fressen aufhören, um mich so anzuglotzen wie ich sie eben auch. Sie sind auf ihre eigene Art und Weise schön, braun gefleckt, mit einem weißen Stern auf der Stirn, die abstehenden Gehörorgane verziert durch gelbe Ohrmarken. Der junge Bauer sorgt mit einem Lader für Futternachschub, pendelt ständig zwischen Lagerhalle und Stall.

Der Weg steigt nun steil an hinauf zum Gipfel. Hier stand ehemals die Fluchtburg der Kuenringer, welche 1162 als „novum castrum Hadmarstain" erstmals urkundlich erwähnt wurde. Nach der Erbauung der Burgstadt Weitra durch Hadmar II. von Kuenring verlor die Burg ihre Bedeutung und verödete. Die Herren von Buchberg schenkten 1319 die Reste der Burg dem Stift Zwettl, welches dann die Kirche errichten ließ, die dem Hl. Johannes dem Täufer geweiht ist. 1381 wird sie bereits als Filialkirche von Großschönau bezeichnet. Der Hochaltar in Bauernbarock zeigt die Taufe Christi durch Johannes den Täufer. Unter dem Fresko des riesigen Christophorus an der

Versteckt hoch oben am Gipfel des Johannsbergs steht die geheimnisvolle Kirche. Gab es hier einst ein Heiligtum der Kelten?

linken Mauer sind Skorpion und Schlange zu sehen. Was haben die hier zu suchen? Ist ihr Ursprung in einem uns verborgenen Geheimnis zu finden, so wie die vier runden Scheiben auf der Darstellung des himmlischen Jerusalems? Menschen, die sich mit Mystik beschäftigen, finden hier ein reiches Betätigungsfeld.

Wenn man sich die Mühe macht und in den Dachboden hinaufsteigt, bietet sich durch die Jalousien der Turmfenster ein großartiger Ausblick. Rund um die Kirche lassen sich noch die Reste des Ringwalles und der Mauer erkennen. Zahlreiche Sagen ranken sich um den Johannsberg, der in frühchristlicher Zeit eine Kultstätte war. Die geballte Kraft des Granits ist allgegenwärtig hier oben und so ist es kein Wunder, dass die Bergspitze mit ihrem Steinkreis und Schalenstein Station des Wünschelrutenweges ist. Zwei geomantische Zonen kreuzen einander im Altarbereich und Kraftlinien ziehen sich kreuz und quer über den Berg. Ohne Zweifel ist der Berg ein Kraftplatz allererster Güte, außerdem „dreht er das Wetter um", wie die Einheimischen wissen.

Interessanterweise war es ausgerechnet ein Afrikaforscher, nämlich Friedrich Julius Bieber aus Wien, der sich bereits 1912 unter dem Titel „Der Halgadom am Johannis-Berge ober Harmannstein im Waldviertel" mit dem geheimnisvollen Steinkreis hinter der Kirche befasste. Er untersuchte den Kreis aus mächtigen Monolithen und kam zu dem Schluss, dass dieser eine Kultstätte (Heiligtum) der Kelten gewesen war, der wohl bei der Erbauung der Kirche teilweise zerstört wurde. Herabgeworfene flache Steinblöcke im Wald unterhalb sind seiner Aussage nach noch heute stumme Zeugen dieser Zerstörung.

Am Wegrand oberhalb des Bauernhofes steht eine alte Lichtsäule mit einer Madonna. Dunkelgegraut im Laufe der Jahreszeiten, von Flechten bewachsen, eine Zeugin ländlicher Frömmigkeit.

Ich erweise ihr kurz meine Referenz und ziehe weiter. Doch zuvor schweift mein Blick hinunter auf das Dorf, das Land ringsum liegt weit und offen, der Horizont verliert sich im Dunst der Weite. Mein nächstes Ziel ist Walterschlag, ein kleiner Ort, welcher zur Stadtgemeinde Weitra gehört. Entstanden Ende des dreizehnten Jahrhunderts durch einen Rodungsführer namens Walter, der hier den Wald schlagen ließ. Die kleine Dorfkapelle mit ihrer Brücke wurde 1871 errichtet. Heutzutage ist das Dorf bekannt durch die Firma Zimmermann, die hier schmackhafte Teigwaren erzeugt. Ich biege in einen Weg ein, der ins Nichts führt. Mühsam stapfe ich durch tiefen Schnee, bis ich auf den geräumten Güterweg nach Sulz stoße. Auch dieses Angerdorf ist eine Katastralgemeinde von Weitra und wurde im 13. Jahrhundert gegründet. Der Name stammt vom mittelhochdeutschen „sulze" (Salzsole) ab und deutet auf mineralhaltiges Wasser. Ich gehe an einem leer stehenden Bauernhof vorbei, dann bei einem seltsam anzublickenden Neubau, der von einem Fengshui-Jünger mangels finanzieller Mittel aufgegeben und nie fertiggestellt wurde. Biege auf den Güterweg nach St. Martin ein, der sich über den Höhenrücken schlängelt und immer wieder großartige Ausblicke auf die typisch klein gegliederte Landschaft mit ihren terrassenartig angelegten Feldern, begrenzt von baumbestandenen Rainen, frei gibt.

Unter mir, im Tal der Lainsitz, liegt der Marktort St. Martin an einer uralten Verbindungsstraße, die von Weitra über Karlstift nach Oberösterreich führt. Ein langgestrecktes Zeilendorf, das ursprünglich Lainsitz hieß. Doch im 14. Jahrhundert wurde es nach dem Schutzpatron der Kirche benannt. Die romanischen Fenster des Turmes weisen auf die Entstehungszeit der Kirche hin. Das Innere der Kirche wurde 1743 barockisiert. Die älteste Nennung eines Marktes geht auf 1409 zurück. Heutzutage kommen Feinschmecker hierher, um an den Sonntagen zu Martini im Gasthaus Weninger einen Gänsebraten zu schmausen. Ich aber genehmige mir nach zwanzig Kilometern Fußmarsch bei Sonnenschein und klirrender Kälte ein Schnitzel. Die Tage dieses Gasthauses sind gezählt, Dietmar und Helga stehen knapp vor der Pension, und wenn sich kein Pächter findet, ist auch diese legendäre Stätte Waldviertler Gastlichkeit Geschichte. Ich warte auf mein Taxi zur Heimfahrt nach Weitra, nächsten Tag soll es wieder weitergehen.

Hurra, es ist wärmer geworden, es hat nur mehr minus 12°! Karlo setzt mich um dreiviertel neun in St. Martin ab, ich schultere meinen Rucksack und marschiere auf der Straße nach Rörndlwies weiter. Mein nächstes Ziel ist der Nebelstein, der wohl bekannteste Berg des Oberen Waldviertels. Mein Fotorucksack ist vollgepackt, zwölf Kilo ist er wohl schwer. Mehr als die Hälfte davon geht zu Lasten meiner Fotoausrüstung. Kamera, zwei Objektive, Blitzlicht, Stativ. Dazu zwei Garnituren Unterwäsche, Kulturbeutel, Filz-

pantoffel, Thermosflasche mit heißem Tee, eine Handvoll Müslischnitten, zwei Bananen, eine kleine Jausenbox und das notwendige Kartenmaterial. Mehr brauche ich nicht, jedes weitere Kilogramm wäre blanker Luxus.

Bei einem Marterl biege ich in die breite Forststraße nach rechts und sehe einen breiten Talkessel mit einer Handvoll Häuser unter mir. Ich gehe am ehemaligen Forsthaus vorbei, von nun an geht es mehr oder weniger steil den Berg hinauf. Immer wieder sind alte Buchen am Waldessaum zu erkennen, die in einem wohltuenden Kontrast zu der eintönigen Fichten-Monokultur stehen. Als ich diesen Weg vor vielen Jahren gegangen bin, war es Sommer, und er kam mir damals wesentlich kürzer und weniger steil vor als jetzt – oder liegt es daran, dass ich nun zwanzig Jahre älter bin?

Plötzlich kommt Wind auf. Eisig, schneidend, meine Wangen röten sich schmerzhaft. Trotz der Handschuhe sind meine Finger steif. Ein Geräusch lässt mich zusammenzucken, ich blicke den Hang hinauf und sehe plötzlich dreißig Meter ober mir im steilen Gelände vier Rehe stehen. Sie beäugen mich, gerade so, als wollten sie mir sagen, dass ich nicht hierher gehöre, keiner der ihren bin. Doch als ich zur Kamera greife, sind sie auch schon wieder fort. Kurz darauf wird der Wald lichter und gibt den Blick auf den Gipfel

links: Blick auf den Nebelstein (1017 m) mit der Nebelsteinhütte

Blick vom Gipfel auf die Nebelsteinhütte

frei. Der Sturm Kyrill hat vor etlichen Jahren hier gewütet und alleine in der Herrschaft Fürstenberg 300 ha Wald total verwüstet, der Gipfel des Nebelsteins ist nun frei sichtbar. Die Hütte des Alpenvereins ist zu sehen, dahinter der Sender, rechts davon der Felsgipfel mit der Aussichtsplattform und dem Gipfelkreuz. Vom Parkplatz an der Straße, die von Harmanschlag nach Hirschenwies führt, zweigt ein bequemer Weg auf den Berg ab. Hier treffen zahlreiche Weitwanderwege zusammen. Der Nordwaldkammweg, der

Waldviertel pur – weit geht der Blick ins Land

Nord-Süd-Weitwanderweg, der Kamptalstauseen-Weg und der Thayatal-Weg.

Auf dem Weg sind plötzlich Schneeschuhspuren zu sehen, worüber ich mich wundere. Noch nie habe ich hier einen Schneeschuhwanderer erblickt, und so ist es für mich eine Premiere. Die Hütte wurde 1949 von der Alpenvereinssektion Waldviertel errichtet und 1985–1986 erweitert. Solide gebaut, mit einer Terrasse, das Obergeschoß mit Holz verkleidet. Das Gastzimmer ist rustikal eingerichtet, ein Schlafsaal und einige Einzelzimmer laden den Wanderer ein, hier zu nächtigen. Eine Schautafel zeigt mir, dass der Lainsitztalweg über den Berg führt, der von der Quelle am Aichelberg bis zur Mündung in die Moldau bei Tyn 230 km lang ist. Diesen wunderschönen, an abwechslungsreichen Landschaften kaum zu überbietenden Wanderweg bin ich im Herbst 2016 marschiert. Der Weg ist ausgezeichnet beschrieben und markiert, an den Höhepunkten stehen eben diese Tafeln mit deutscher und tschechischer Erklärung. Ich steige die Stufen zur Aussichtsplattform hinauf. Ein ungastlicher Wind empfängt mich, fährt durch Mark und Bein, so dass ich meinen Aufenthalt auf ein Minimum beschränke. Die Fernsicht ist hervorragend, und der Blick geht weit. Auf Weitra und Gmünd, auf den Fernsehsender des Wachtberges gegenüber, und Richtung Südost breitet sich, so glaubt man, das ganze Waldviertel vor den Augen aus. Am nördlichen Horizont, über dem Mandlstein, liegt eine Nebelwand. Westwärts, Richtung Grenze, erkennt man die vielen Wunden, die der Sturm in den fürstenbergschen Forst geschlagen hat und vor dem nun Jahrzehnte der Rehabilitation liegen.

Durchgefroren packe ich meinen Fotorucksack zusammen und entfliehe dem eisigen Wind. Gehe auf der Straße nach Harmanschlag. Kaum aus dem Wald draußen, offenbart sich der nächste Blick hinunter. Ein gewaltiges Panorama, das mir den Atem stocken lässt. Unten, im Vordergrund der Ort Althütten mit einer Handvoll Häuser, danach, noch tiefer, Harmanschlag mit seiner schönen Kirche. Eine Futterkrippe steht auf einer Grasinsel im Schnee, umringt von ein paar Schafen. Die Dächer der Bauernhöfe sind dick mit Schnee bedeckt, kleine Baumgruppen strecken ihre kahlen Äste dem makellos blauen Himmel entgegen, Restlinge und Steinmauern gliedern die Landschaft. Bis weit zum Horizont fächern sich die bewaldeten Bergkuppen wie eine Theaterkulisse auf. Eine Winterlandschaft wie aus dem Bilderbuch. Die Luft ist klar, die Aussicht grandios, und ich bin mir sicher, ganz weit hinten den Ötscher zu sehen. Diese Gelegenheit bekommt man nicht alle Tage auf dem Präsentierteller serviert, da muss die Wetterlage schon hundertprozentig passen! Oftmals bin ich schon hier gestanden, zu jeder Jahreszeit habe ich die Stelle besucht, und nie habe ich mich satt sehen können an dem gewaltigen Panorama.

Locker, ja beinahe freudig erregt, marschiere ich den Berg hinunter um in Harmanschlag meine Mittagsrast zu machen. Die Schilifte am Arra sind in Betrieb, doch der Ansturm der Schifahrer hält sich in Grenzen. Ein Wurstbrot und ein paar Schlucke wärmenden Tee aus der Thermoskanne stärken mich für den Weg nach Karlstift. An der Kirche und am Arrahof vorbei geht es wieder bergab. Plötzlich entdecke ich rechts neben der Straße ein Schild mit dem Hinweis auf einen Evangelischen Friedhof und erfahre, dass es hier um 1600 sechzig Lutheraner in den drei katholischen Pfarren der Umgebung gegeben hat. Da ihnen das Begräbnis am Ortsfriedhof verweigert wurde, wurden sie einfach an dieser Stelle eingegraben, die heute noch den Namen Friedhofsacker trägt. Beim Angushof Anderl biege ich in den Güterweg nach Edlau ein. Die Familie Anderl hat dort einen großartigen Schaugarten angelegt, der in den Sommermonaten sehr gut besucht ist. Außerdem vermarkten sie die schmackhaften Produkte aus ihrer Anguszucht.

Nun geht es bergauf, bergab Richtung Eisenhammer. Immer wieder bleibe ich stehen um zu fotografieren. Kein Wunder bei diesem Kaiserwetter und der Vielzahl an wunderbaren Motiven. Bei den Mauerresten des Eisenhammers, der von 1800–1881 hier betrieben wurde, stoße ich auf die noch junge Lainsitz. Hier in dieser Einsamkeit wohnt Hannes Richter in seinem kleinen Paradies. Ein malerisches altes Haus neben dem Weg, eine Pferdekoppel, ein kleiner Garten zum Gemüseanbau. Bunte Gebetsfahnen wehen über mir im Wind, uralte Bäume säumen das Anwesen. Ein kleines Glück am Rande, an Harmonie kaum zu überbieten. Ein schmaler Steg führt über die Lainsitz, bizarr geformte Eisplatten geben da und dort den Blick auf das braune Wasser unter mir frei. Durch einen Zauberwald gehe ich der Straße zu, die von Fischbach nach Joachimstal führt. Ein einziger Sonnenstrahl hat sich im Wald verirrt, lässt eine Handvoll Bäume im Halbdunkel hell aufblitzen.

Vor nicht allzu langer Zeit gab es hier noch eine Volksschule, ein Sägewerk und kleine Häuser, in denen die Holzhacker der Herrschaft hausten. Das Sägewerk existiert schon lange nicht mehr, nur das Haus des Verwalters ist noch bewohnt. Die Schule ist leer und ein paar der Häuser sind zu einem Refugium von Aussteigern und Großstadtmüden geworden. Die Lainsitz in der Talmulde ist gleichzeitig die Grenze der beiden Forstgüter. Nördlich davon, den Berg hinauf Richtung Schwarzau gehört der Großteil des Waldes den Fürstenbergs in Weitra, südlich davon, Richtung Karlstift der Gutsherrschaft Pfleiderer. Von nun an geht es bergauf durch das schöne Tal des Einsiedelbaches, der der erste größere Zubringer der Lainsitz ist. Auf der großen Wiese am unteren Ende des Tales standen in meiner Jugendzeit noch ein paar Häuser. Jetzt ist dort alles verwachsen mit Bäumen und Sträuchern, nur ein paar Alleebäume geben Zeugnis davon, dass hier einmal eine kleine Siedlung war. Oberhalb liegt der große Gutshof Hirschenstein, eine ehemalige Glashütte, in der Menschen gearbeitet und gewohnt haben, der nun ebenfalls leer steht und von vergangenen Zeiten träumt. Die breite Forststraße ist geräumt und gut zu gehen, immer wieder gekreuzt vom Einsiedelbach, der sich einmal links, einmal rechts der Straße den Berg hinunterschlängelt. Mächtige Holzstämme lagern hier und aus der Ferne ist das hochtourige Geräusch von Motorsägen zu hören.

Nach einer guten Stunde bin ich in Karlstift. Auch hier sind die Schilifte in Betrieb, deren Weiterbestand im Vorjahr noch fraglich war, da es Differenzen mit Anrainern gab. Doch nun ist alles wieder geregelt und das größte Schigebiet des Waldviertels besteht weiter. Die Wintersportler kommen von weit her, sogar aus dem benachbarten Tschechien. Jetzt in der Dämmerung ist die Piste verwaist. Einer der letzten, der gerade die Skiausrüstung seiner Familie im Auto verstaut, ist Peter Zeiler, Musiker des fantastischen Quatschberg-Echos, und er nimmt mich mit bis Weitra.

Zeitig scharre ich am nächsten Morgen in den Startlöchern. Um 6.41 fährt mein Bus nach Karlstift. Er kommt ein bisschen später und ich bin erstaunt, wie viele Schulkinder einsteigen. Auch unterwegs steigen bis Karlstift immer wieder Jugendliche zu, die in Freistadt eine Schule besuchen. Wie üblich haben die meisten Kopfhörer auf, um Musik zu hören. Sie grüßen sich stumm mit einem Kopfnicken und sind sogleich wieder mit sich selbst beschäftigt, verloren im technologischen Irrgarten der modernen Welt. Schade!

Um 7.15 h steige ich beim Gasthaus Zeiler in Karlstift aus. Ein hellblauer Streifen macht sich am Horizont breit und kündigt den neuen Tag an. Zehn Minuten später empfängt mich ein Sonnenaufgang mit dramatischer Wucht, bei dem das Herz des Fotografen im Leibe lacht. Von einer Minute zur anderen ist der Himmel blutrot, darüber hängt eine dunkle Wolkendecke. Großartig! Meine Kamera läuft heiß! Die Entlüftungen des Wasserreservoirs heben sich kontrastreich vom Himmel ab. Ich marschiere weiter den Berg hinauf und blicke zurück auf die Dreifaltigkeitskapelle, die malerisch vom Licht des frühen Morgens umrahmt wird.

Ein neuer Tag bricht an. Die dramatische Wucht eines herrlichen Sonnenaufgangs bei Karlstift

Blick zurück zur Dreifaltigkeitskapelle

Nun geht es wieder bergab, und der Weg wird mühsam. Der Schnee ist harschig, immer wieder breche ich ein. Das geht auf die Knie und ist nicht besonders lustig. Doch was soll`s, ich bin schließlich aus freiem Willen hier, selber schuld! Unten angekommen, geht es auf der Landstraße nach Stadlberg weiter. Vorbei am Jagerhäusl mit seiner Wetterstation. Gleich darauf treffe ich Erich Altmann. Bei einer Tasse Tee sitzen wir in der gemütlichen Stube zusammen. Ich erzähle ihm von meinem Projekt der Waldviertel-Expedition und will mehr über seine Tätigkeit als Obmann des Bucherser Heimatvereins wissen.

Erich Altmann, Initiator des Bucherser Heimatvereins

Die Kirche von Buchers

Seine Familie stammt aus Buchers. Um 1900 war Buchers ein blühender Marktort über der Grenze mit 186 Häusern, 1323 Einwohnern (von denen 1077 Österreicher und 276 Tschechen waren) und 46 Gewerbebetrieben. 1938 wurden die Tschechen von der deutschen Besatzung aus dem Ort vertrieben, 1946 die Österreicher von den Tschechen. Durch den Eisernen Vorhang geriet der Ort 1955 in die völlige Isolation und wurde geräumt. 1978 hatte Pohori na Sumave keinen einzigen ständigen Einwohner mehr und die noch vorhandenen Häuser dienten der Armee als Zielscheiben. Am 30. Mai 1999 stürzte der Kirchturm auf das Langhaus und zerstörte es.

Wir machen uns auf den Weg und marschieren Richtung Grenze. Vorbei an der Bucherser Gedenkkapelle, die von den Heimatvertriebenen errichtet wurde. Drinnen steht ein Modell der Bucherser Kirche. Einigen der Ewiggestrigen passt es nicht, dass Erich Altmann bei seinen Bemühungen um die Restaurierung der Bucherser Kirche

Der Kolmteich diente einst zur Holzschwemme.

„mit de Behm packelt“. Aber wenn alle so dächten, wäre jede Zusammenarbeit mit den einstigen Gegnern hinfällig. Wieder ein Indiz dafür, dass der Mensch aus der Geschichte nichts lernt!!!

Von weitem erkennt man die Kirche und eine Handvoll neue Häuser. Am Kriegerdenkmal für die Gefallenen des 1. Weltkrieges sind ausschließlich deutsche Namen zu lesen. Das dachlose Langhaus der Kirche ist noch als Ruine eindrucksvoll. Den Altarraum hat man beim Triumphbogen abgemauert, die schönen Fresken hinter dem Altar frei gelegt. In der alten Sakristei ist eine kleine Küche eingerichtet, ein Stockwerk höher im ehemaligen Oratorium ein kleines Café.

Erich Altmann hat hier ein Zeichen gesetzt, eine Handvoll Gleichgesinnter um sich geschart, die Ärmel aufgekrempelt und mit der Arbeit begonnen. In einem anderen Land, mit anderen Gepflogenheiten, mit anderen Gesetzen. Aber er hat es geschafft, und nun gibt es wieder eine Kirche, in der von Zeit zu Zeit Messen und Andachten gefeiert werden. Der einst weithin berühmte Bucherser Kirtag bringt nun wieder an die zweitausend Besucher in den kleinen Ort an der Grenze, in dem vor nicht allzu langer Zeit kein Mensch mehr lebte. Dazu gibt es Konzerte, Brauchtumsveranstaltungen und allerlei mehr. Solche Menschen braucht unser Land, die das Unmögliche möglich machen, trotz aller sichtbaren und unsichtbaren Schranken!

Mein Weg führt mich zurück nach Karlstift. Einige Langläufer kreuzen die schmale Straße zum Stierhübelteich. Dieser ist der erste in einer Reihe von Schwemmteichen, von denen man früher Holz über Triftkanäle und Bäche bis zur Donau schwemmte. Ein kleines Museum neben dem Badeteich erinnert an diese mühevolle Arbeit. Beim Kolmteich reißt die Wolkendecke auf. Kleine Schäfchenwolken ziehen am Himmel dahin wie Pilger zu ihrer Wallfahrtskirche. Oder wie Wanderer, so wie ich? Die Kolmklause mit ihrem unverputzten Steinmauerwerk deutet auf die geografische Nähe zum Mühlviertel.

Da ich mir ein mühevolles Stapfen durch den Tiefschnee ersparen will, gehe ich auf der Bundesstraße weiter. Bei einem Bus-Wartehäuschen esse ich mein mitgebrachtes Essen aus dem Rucksack. In Mitterschlag treffe ich auf eine Nordic-Walkerin, im Volksmund „Steckerlgeherin" genannt. Sie gibt mir den Rat, den Güterweg Stampfleiten nach Langschlag zu nehmen, was ich auch tue. Von weitem sehe ich schwarze, zottelige Ungetümer kontrastreich auf weißem Schnee dahintrotten. Ich glaube meinen Augen nicht zu trauen – es sind Bisons! Da hat sich doch wieder einmal ein findiger Waldviertler was Besonderes einfallen lassen um sich von der Konkurrenz abzugrenzen, vermarktet Biobisonfleisch, fast schon ein Zungenbrecher. Doch die Tiere scheinen sich wohl zu fühlen, es ist ihnen egal, ob sie in Montana oder im Waldviertel weiden! Ein mächtiger Bulle kommt zum Zaun, beäugt mich von oben bis unten, schüttelt das mächtige Haupt und kehrt wieder zur Futterkrippe zurück. Ich weiß nicht, was ich von dieser offenkundigen Missachtung meiner Person halten soll und marschiere weiter. In Langschlag wartet Isolde Kerndl auf mich, eine profunde Kennerin der Waldviertler Mundart.

Der Bau der Waldviertler Schmalspurbahn Gmünd – Gross Gerungs in den Jahren 1902–1904 war eine technische Meisterleistung. Die Museumslokomotive Nr. 298.207 steht am Bahnhof Langschlag.

Blitzgescheit, humorvoll, lebenserfahren, sitzt sie mir bei einer Tasse Tee gegenüber. Geboren in Wien, lebt sie nun seit 1963 im Waldviertel. Eine faszinierende Person, die den „Leuten aufs Maul schaut" und sie treffend charakterisiert. Eine, die weiß, was sie will und das auch tut. Landwirtschaftliche Lehrerin, Autorin von vierzehn Büchern, Theaterregisseurin, Textdichterin für die bekannte Waldviertler Musikgruppe „Stoahort & Bazwoach" und verdienstvolle Ehrenbürgerin der Marktgemeinde Langschlag.

Durch eine Studienkollegin lernte sie nicht nur Ottenschlag im Waldviertel, sondern auch ihren Onkel Josef Wenzel kennen. Dieser erwies sich als Fundgrube für allerlei Geschichten in Waldviertler Mundart und erweckte ihr Interesse daran. Fortan begann sie, sich mit den Eigenheiten des bodenständigen Dialekts zu beschäftigen. Der den Menschen hier in die Wiege gelegt wird und, so wie ich meine, über die Standardsprache des Hochdeutschen zu stellen ist, also keineswegs als minderwertig betrachtet werden soll. Der einer dörflichen Lebensweise entstammt, durch Land und Leute im Lauf von Jahrhunderten geprägt wurde. Der der uralten Weisheit „zu reden, wie einem der Schnabel gewachsen ist" entspringt, und in Wohlklang und Bildhaftigkeit eigenen Regeln folgt.

Isolde Kerndls Bücher sind ein wahres Schatzkästlein an Ausdrücken und Redewendungen der Mundart, so wie sie im Raume des Waldviertler Kernlandes gesprochen wird. Ihre Bücher sind humorvoll und spiegeln das Leben der dörflichen Gesellschaft ihrer Umgebung wider. So ist es auch kein Wunder, dass sie ihr Werk „zwei Mauna, zwo Weiba, zwoa Ochsn" als Waldviertler Mundartlexikon bezeichnet. In dem sie auf die besondere Eigenheit hinweist, dass hierorts die Zahl „Zwei" sowohl männlich, weiblich als auch sächlich sein kann.

Bei einer Lesung in Wurmbrand lernte sie den Maler und Grafiker Johannes Fessl kennen, dessen satirische Darstellungen menschlicher Schwächen und Neigungen sinngebend für sie waren, ihre Bücher von ihm illustrieren zu lassen. Dieser schicksalshaften Begegnung verdanken wir eine Reihe hochkarätiger Werke in Wort und Bild. Als Fessl mit fünfzig Jahren bei einer Routineoperation verstarb, wandte sie sich dem Zwettler Maler Karl Moser zu. Doch auch diese Zusammenarbeit war nur von kurzer Dauer, als auch Moser in jungen Jahren das Zeitliche segnete. Dieser Umstand ließ ihre Tochter vermuten „dass die Mama ihren Malern kein Glück bringt!"

Seit 1963 lebt Isolde nun hier „in der schönsten Gegend der Erde" und bezeichnet sich selbst als waschechte Waldviertlerin. Stundenlang könnte ich ihr zuhören, ihren Geschichten und Anekdoten lauschen. Mit Wehmut verabschiede ich mich von Isolde, die ich schon seit Jahren kenne und schätze und strebe dem nahegelegenen „Waldviertler Hof", meinem Nachtquartier zu. Komme dabei am Schloss der Familie Lazarini vorbei, die hier große Waldbesitzungen hat.

Mit der Familie Meierhofer bin ich seit vielen Jahren freundschaftlich verbunden. Seit 1970 gibt

es das Hotel mit 65 Zimmern und einem reichhaltigen kulinarischen und touristischen Angebot. Damals wurde der ehemalige Bauernhof als Gasthaus umgebaut und im Laufe der Jahre mit Fleiß und persönlichem Einsatz schließlich zu einem Hotel erweitert. Der vorbildlich geführte Familienbetrieb besticht durch seine freundliche Atmosphäre und erfreut sich bei seinen Gästen großer Beliebtheit. Zum Abendessen treffen interessante Gäste ein. Langschlag ist eine Hochburg des Holzhackersports. Der Eurojackwettbewerb fand hier schon statt, und es gibt sogar eine eigene Trainingshalle, die ein findiger Händler für derartige Geräte hier aufgestellt hat. Eine Handvoll österreichischer Holzfäller führt mit einem kanadischen Trainer eine angeregte Diskussion.

Der zerbrochene Wackelstein

Beim ersten Tageslicht marschiere ich weiter. Im engen Tal des Zwettlbaches bei Harruck stehe ich plötzlich vor einer großen, schlossähnlichen Villa, dem ehemaligen Wohnsitz eines Fabrikanten. Gegenüber ist eine Fabriksruine zu sehen, der das Dach fehlt. Einst wurden hier Elektrogeräte hergestellt und in der Nazizeit elektronische Geräte für die U-Boote. Oberhalb, am Bergrücken erkenne ich eine Reihe von Gebäuden, die einst bessere Zeiten gesehen haben. Es sind die Reste eines Gutshofes der Familie Lazarini. Beide Gebäude erlitten dasselbe Schicksal.

Am 24. 8. 1944 stürzte hier ein amerikanischer Bomber Liberator B24 beim Rückflug zum Stütz-

Die Klauskapelle im Zwettltal

punkt in Bari ab. Teile der Maschine zerstörten das Fabriksgebäude und einen Teil des Gutshofes. Der im Flugzeug tödlich getroffene rechte Rumpfschütze wurde im Wrack gefunden, der Heckschütze stürzte ohne Fallschirm in den Tod, die übrigen Besatzungsmitglieder konnten abspringen und wurden nach ihrer Landung gefangen genommen. So wurde auch dieses friedliche Gebiet in die Kriegswirren des Zweiten Weltkrieges verstrickt.

Ein paar Schritte weiter stoße ich auf einen Wackelstein. Diese findet man häufig in den Waldviertler Wäldern, doch mit diesem hat es eine besondere Bewandtnis. Im Oktober 2011 brachte ihn eine Familie zum Wackeln und dieser 24 Tonnen schwere Koloss kippte von seiner Unterlagsplatte und brach dabei entzwei. Zum Glück kam niemand zu Schaden.

Unmittelbar dahinter befindet sich die kleine Klauskapelle, dem heiligen Nikolaus von der Flüe geweiht. Ursprünglich war sie ein Blockhaus der Fabrikantenfamilie. Nach dem Krieg wurde es von einer Familie aus Harruck in eine Kapelle umgebaut, zum Gedenken an ihren im Zweiten Weltkrieg gefallenen Sohn. Das stimmt mich nachdenklich, und es stellt sich die Frage, ob ich auch so handeln würde. Wäre es nicht nur allzu menschlich, in diesem Falle zornig zu sein, im Vertrauen zu Gott erschüttert zu sein und den eigenen Glauben eher in Frage zu stellen?

Kurz darauf treffe ich das Ehepaar Steinmetz mit ihrem Hund, die ganz in der Nähe wohnen. Wir plaudern ein paar Minuten, die Frau kennt mich. Sie war schon einmal auf Kur in Bad Großpertholz und hat mit mir damals eine Nachtwächterführung mitgemacht.

In Gedanken versunken stapfe ich weiter durch den Schnee. Erlebe ein paar Minuten der Rückbesinnung, die es so nur gibt, wenn man alleine ist. Denke an jene, die mich im Laufe meines Lebens begleitet haben und nun nicht mehr unter uns weilen. An meinen Freund Karl, mit dem ich auf dem Nordwaldkammweg unterwegs war. An Franz

Heinz und Brigitta Protze, mit denen ich Teile des Jakobsweges durch Österreich gegangen bin. An Franz Neissl aus Linz, der mir am Jakobsweg von Linz bis Genf ein guter Gefährte war. Traurigkeit überkommt mich. Ein Geräusch durchdringt die Stille des Waldes und reißt mich aus meiner Gedankenwelt. Ein Reh steht auf der anderen Seite des Baches, schaut mich sekundenlang an, bevor es sich in hastigen Sprüngen entfernt und mich wieder alleine lässt. Mein Weg führt mich an zwei Mühlen vorbei, die schon lange nicht mehr in Betrieb sind. Nun geht es bergauf auf eine Hochfläche, ein wunderbarer Blick über die tief verschneite Landschaft tut sich auf. Bewaldete Hänge reihen

oben: Blick in das Tal des Zwettlbaches in der Nähe von Groß Gerungs
unten: Dichtes Gedränge beim Schilift in Kirchbach

Das Venetianergatter der Brettersäge von Kirchbach

sich hintereinander bis zum Horizont. Die Sonne scheint, die Luft ist klar und frisch und es wird mir, wie schon so oft, bewusst, in welchem gottbegnadeten Landstrich ich leben darf.

In Kirchbach drängen die Schifahrer zum Lift. Gefinkelte Marketingspezialisten haben hier die Positionen klar abgesteckt, im Winter ist man das Schidorf, im Sommer das Wanderdorf.

Eine Bekannte aus dem Dorf bringt mich mit Herrn Meierhofer zusammen, der mir eine Führung durch die Brettersäge anbietet, die fürwahr ein Kunstwerk ist. Sie ist ein gutes Beispiel für ein einfaches, wasserbetriebenes Sägewerk mit einem Venetianergatter. Kaufleute und Schiffsbauer aus Venedig, dazumal der Umschlagplatz großer Holzmengen, führten das sogenannte Venetianergatter ein. Ich staune über den Erfindungsgeist unserer Urahnen. Der Sägeschlitten läuft auf kleinen Rollen über die Schienen und zieht den Baumstamm durch das feststehende Gatter. Die Säge, aber auch der Blockaufzug werden einzig und allein durch die Kraft des Wassers angetrieben. Die Leistung eines Gatters betrug in 24 Stunden ungefähr 20 bis 30 Bretter zu 5 Meter. Diese Schmalspurversion eines Sägewerks wurde traditionell von einer Gemeinschaft von vier bis fünf Bauern betrieben. Im Erdgeschoss darunter eröffnet sich mir ein auf dem ersten Blick kompliziertes Antriebswerk von Wasserrad, Zahnrad und irgendwelchen Übersetzungen. Erst die fachkundige Erklärung meines Führers öffnet mir die Augen, wie man in vergangener Zeit die Wasserkraft auf relativ einfache, aber wohldurchdachte Art und Weise zu nutzen wusste. Im anschließenden Museumsraum sind eine Unmenge von Geräten zur Holzbearbeitung zu sehen. Nun, im Winter, steht die Säge still. Doch im Sommer, bei genügend Wasserstand, kann man das ausgeklügelte System dieser alten Brettersäge in Betrieb erleben.

Aber in Kirchbach gibt es noch mehr zu bestaunen. Nämlich die Greißlerei von Frau Pri-

Am Kamp kurz vor Roiten

Die Greißlerei von Fr. Prichenfried

chenfried, wo sich eine längst vergangene Zeit auftut, bar jeglicher Sterilität moderner Supermärkte. Hier gibt es ein buntes Drunterunddrüber, wo man Klopapierrollen neben Schulheften, Lackdosen neben Grablichtern, Haushaltsgeräte neben Soletti findet. Die alte Dame jedoch hat die Übersicht über ihr kleines Reich und findet die gewünschte Ware mit dem ersten Handgriff. Der Laden ist eine wahre Fundgrube an Fotomotiven, leider Gottes ist das Ende all dieser Herrlichkeit absehbar. Drum, rasch hin, bevor die Türläden zu sind! Kauf dir, lieber Leser, dort eine Schokolade und schau nicht auf das Ablaufdatum, sondern betrachte deinen Obolus als Eintritt in eine längst vergangene Welt!

Ein paar Kilometer weiter stoße ich auf ein weiteres erstaunliches Dorf namens Roiten. Hier gibt es ein Museum, gestaltet von Friedrich Regentag Dunkelbunt Hundertwasser, welcher 1928 als Friedrich Stowasser in Wien das Licht der Welt erblickte. Wahrscheinlich wurde ihm damals schon das Glück beschieden, einmal im Waldvier-

Hundertwassers krumme Linienführung

Das Hundertwassermuseum in Roiten

tel wohnen zu dürfen. 1962 erwarb er hier, im wunderschönen Kamptal, die abgeschiedene Hahnsäge. Und es wäre nicht der exzentrische Maler, wenn es nicht auch um diesen Kauf eine lustige Geschichte gegeben hätte. Ein halb verfallenes Haus in Ritterkamp erregte damals sein Interesse. Im naheliegenden Gasthaus fragte er an, ob es zu kaufen wäre. Ein Gast erzählte ihm von seiner alten Mühle, sie fuhren dort hin und wurden sofort handelseinig. Kauf und Verkauf wurden bald darauf vertraglich fixiert, die Hälfte des Kaufpreises bar ausbezahlt. Hundertwasser bot Hahn an, die zweite Hälfte mit Bildern bezahlen zu wollen, was dieser jedoch entschieden ablehnte. Erst ein paar Jahre später wurde im gewahr, dass die Bilder wohl ein Hundertfaches und noch mehr wert gewesen wären. Hundertwasser lebte dort bescheiden im Einklang mit der Natur. Bunte Streifen schmücken das Haus rundum, immer wieder durchbrochen mit der Aufschrift „Die gerade Linie ist gottlos". Der Kamp zeigt sich hier im Winter von seiner aller-

Hermann Neulinger,
der Gründer
des Museums

besten Seite, das Wasser sucht sich durch Eisplatten und mit Schneehauben überzuckerten Felsen seinen Weg Richtung Zwettl.

Hermann Neulinger, wohlbestallter Tischlermeister mit einem Vorzeigebetrieb in Roiten ergriff die Chance, die ihm der prominente Neuankömmling bot, und so entstand dort 1986 das Hundertwassermuseum, welches vom Meister selbst gestaltet wurde und sich heutzutage großer Beliebtheit erfreut. Ganz in der Nähe gibt es eine kleine Destillerie, wo Hermann Rogner ausgezeichnete Schnäpse herstellt die ebenfalls einen Besuch wert ist. Aussagen von Kennern zufolge ist sein Gin „Nord-Süd" absolute Weltklasse.

Mein nächstes Ziel ist die wohl trutzigste Burg des Waldviertels, Rapottenstein. Der riesige Felsen, auf dem sie steht, wäre schon Attraktion genug, die Burg darüber ist der Oberhammer. Hohe Mauern, turmbewehrte Tore, befestigte Innenhöfe bilden ein Schauspiel, welches seinesgleichen sucht. So bildet die Burg ein ausgezeichnetes Beispiel einer stark befestigten Höhenburg aus dem Mittelalter. Genau so, wie man sich als kleiner Bub eine Ritterburg vorstellt. Erbaut um 1190 von Rapoto von Kuenring, ist sie heute als Veranstaltungsort beliebt und geschätzt. Bei einer Führung muss man sich wie anno dazumal von Innenhof zu Innenhof durchkämpfen, bevor man in den Wohntrakt der Burg gelangt. In der Trinkstube sind hochwertige ornamentale und figurale Fresken zu sehen, die zu den wertvollsten Profanmalereien des 16. Jahrhunderts in Niederösterreich zählen. Das Herzstück der Hochburg ist sicherlich die Kapelle. Sie wurde 1378 von den Dachsbergern errichtet und beherbergt einen kleinen gotischen Flügelaltar aus der zweiten Hälfte des 15.Jahrhunderts.

Jetzt im tiefsten Winter ist eine Besichtigung natürlich nicht möglich, und so führt mich mein Weg hinab in das Tal des Kleinen Kamp zu einem wahrhaft spektakulären Naturschauspiel, „Schütt" genannt. Auf einer Länge von 1,3 km ist das Flussbett infolge von Felsstürzen mit Granitblöcken jeglicher Größe überschüttet, aber auch die steilen Hänge links und rechts sind mit riesigen Felstrümmern übersät. Der Weg ist mühsam, immer wieder sinke ich in Schneelöcher ein und nehme mir vor, dieses Naturwunder im Sommer wieder zu besuchen. Ich komme aus dem Wald hinaus, eine große Wiese tut sich vor mir auf und in dem harschigen Schnee wird es noch abenteuerlicher. Schritt für Schritt sinke ich immer wieder in den tiefen Schnee ein, so dass mir nach hundert Metern die Knie höllisch weh tun. Doch was soll`s, ich habe mir eben das Ziel gesetzt, mein geliebtes Waldviertel auch im Winter zu erkunden und so kämpfe ich mich weiter voran, bis ich bei einer Mühle auf einen geräumten Weg stoße. Solcherlei Unpässlichkeiten stellen für den strapazengewohnten Wanderer kein Hindernis dar. Ein Traktor steht auf dem Weg, der Bauer macht Brennholz. Den Helm auf dem Kopf, das Visier

geschlossen, bewaffnet mit der Kettensäge wirkt er auf mich wie ein moderner Ritter. Er grüßt mir zu, ohne das Visier zu öffnen, werkt weiter, ich grüße zurück, froh, wieder festen Grund unter meinen Füßen zu haben.

Eine weitere Überraschung bahnt sich an. Links und rechts der Straße bei Pehendorf ragen merkwürdige Gestalten aus dem Schnee. Ein Künstler hat hier unter dem Motto „Kunst zwingt Rost" ein Sammelsurium merkwürdiger Figuren ausgestellt. Menschen und Tiere, fantasievoll aus Alteisenabfällen zusammengeschweißt, regen die Phantasie des Betrachters an. Ein skelettierter Ritter mit vorwärts gerichteter Lanze auf einem Rad, ein Schachspieler, ein riesenhafter Vogel, alles hergestellt aus Stahlfedern, Pflugscharen, Eisenplatten und sonstigem Schrott sind hier zu entdecken als sichtbares Zeichen, dass die mystische Landschaft des Waldviertels seit jeher kreative Menschen wie Künstler, Dichter und Musiker in ihren Bann zieht.

Eine Viertelstunde davon entfernt erwartet mich der Lohnbachfall, eines der größten Naturschauspiele des Waldviertels. Durch eine wildromantische Felsenschlucht stürzt hier der Lohnbachfall über ein Blockmeer in die Tiefe. Im Sommer bin ich schon über Leitern und Stiegen dieses bizarre Chaos aus Granit hinaufgestiegen und ich bin mir nicht sicher, ob es nun im Winter nicht noch großartiger anzusehen ist. Ein zu Eis erstarrtes Wunder der Natur. Die großen, reichlich mit Schnee bedeckten Steine lassen den Wasserlauf nur mehr erahnen, welcher sich durch Eiszapfenvorhänge durchwindet. Diesmal steige ich den Weg nur ein Stück hinauf, es ist mir zu gefährlich bei all den Eisplatten und wenn ich hier irgendwo zu Fall komme, dann ist das bei Minustemperaturen auch kein Vergnügen. Wenn ich hier liegen bleibe, bin ich am nächsten Morgen selbst ein Eisblock, denn in dieser Einsamkeit findet mich kein Mensch!

links: Die Burg Rapottenstein, eine Ritterburg par excellence, trutzig und wehrhaft, war oftmals schon Drehort für historische Filme.

Kunst zwingt Rost – eine andere Art des Recyclings

Der Lohnbachfall in Schnee und Eis

Die Ruine Arbesbach

So ziehe ich den Rückweg über die Straße nach Pehendorf vor, wo mich im Bauernhof Fürst mein Nachtquartier erwartet. Der schmucke Hof legt Zeugnis ab für den Fleiß und die Kreativität der Waldviertler Bauern und hat sich dem biologischem Anbau verschrieben. Die Hausfrau kredenzt mir eine wärmende Kürbiscremesuppe, und wir plaudern ein wenig. Ich bin erstaunt, was Anna und Herbert hier alles auf die Füße stellen. Sie haben sich der Nachhaltigkeit verschrieben und sind Selbstversorger. Backen ihr eigenes Brot, produzieren Ziegenkäse, Ziegenmilchseife, Ringelblumensalbe, bauen Gemüse an und konservieren es, stellen jede Menge an Marmeladen her. Wir sind uns einig, dass das Überleben der Bauern des Oberen Waldviertels einzig und allein durch Spezialisierung gesichert werden kann. Die Anbauflächen sind viel zu klein und schwer zu bestellen. Deswegen ist die Umstellung auf biologische Sonderprodukte der einzige Ausweg. Oder eben durch die Vermietung von Gästezimmern und Ferienwohnungen. Ich habe diese

Nacht eine für mich ganz alleine und genieße den Luxus eines warmen Bades in einer riesigen Wanne. So lohnt sich das Wandern!

Doch der Wettergott meint es nicht gut mit mir. Am nächsten Morgen wiederholt sich das selbe Schauspiel. Es ist nebligtrüb, als ich zum Höllfall wandere. Der Kamp fließt hier einige hundert Meter durch einen Katarakt. Steine und Eisplatten erschweren ihm seinen Weg, so dass er sich mit der Sogkraft des Geheimnisvollen durch hohe, glatt geschliffene Felswände zwängen muss. Unter der Schnee- und Eisdecke lässt sich das Wasser nur erahnen. Eine schmale Holzbrücke führt zwischen den monumentalen Steintürmen über den Fluss.

Kurz vor Arbesbach erlebe ich ein weiteres Schauspiel der Natur. Aus dem Nebel heben sich schemenhaft Sträucher und Bäume, überzogen von zarten Raureif wie spitzenartiger Streusel auf einer Hochzeitstorte. Eine kleine Kapelle taucht links neben der Straße auf und um das Bild noch großartiger zu gestalten, steht reglos ein Schimmel daneben, einer Symphonie in Weiß entsprungen. Gleich danach baut sich der mächtige Turm der Ruine Arbesbach, auf solidem Fels thronend, vor mir auf. Auch sie hat die Phantasie der Menschen stets angeregt und mit solchen Attributen wie „Der Stockzahn des Waldviertels“, oder „Der Zeigefinger Gottes“ versehen. Die wehrhafte „Veste“ der Kuenringer wurde 1480 von Truppen des Ungarnkönigs Matthias Corvinus überfallen und zerstört.

Drei mächtige Wasserräder treiben das Hammerwerk an.

In der gegenüberliegenden Bäckerei kann man sich den Schlüssel holen und auf den Turm steigen. Doch da es noch immer neblig, infolge dessen der Blick nicht lohnend ist, verzichte ich darauf.

Ein Freund aus Jugendtagen hat mir im Ort ein Nachtquartier angeboten, doch zuvor fährt er mit mir noch in die alte Hammerschmiede am Kamp. Dort tut sich wiederum ein Stück altertümlicher Handwerkskunst auf. Drei Wasserräder treiben den Hammer, die Ständerbohrmaschine

und eine Schleifmaschine an. Max erklärt mir die Anlage, und ich bin ehrlich erstaunt, wie hoch die Handwerkskunst in früheren Jahrhunderten bereits entwickelt war. Alleine schon der aus verschiedenen Holzteilen zusammengesetzte Paukenring ist ein meisterliches Kunstwerk.

In der Dämmerung fahren wir noch zum Galgen. Drei mächtige Steinsäulen bilden ein Dreieck und man kann sich vorstellen, wie oben die Balken auflagen, auf denen die armen Sünder aufgeknüpft wurden. Ich weiß nicht, ob es das spärliche Licht des Tages war oder sonst irgendein geheimnisvolles Fühlen, aber ich spürte, wie sich meine Nackenhaare aufstellten. Obwohl ich keineswegs zart besaitet bin, überfällt mich hier an dieser einstigen Richtstätte unbehagliches Grausen. Die Chronik sagt uns, dass drei Hinrichtungen an diesem schaurigen Ort stattgefunden haben. Der letzte Delinquent, ein gewisser Thomas Rametsteiner wurde hier am 28. Mai 1728 bei lebendigem Leibe verbrannt. Er hatte im benachbarten Antenfeinhöfen einen Bauernhof angezündet, alle fünf Bewohner kamen dabei ums Leben.

Als ich nächsten Tag weiterziehe, komme ich an einem weiteren Denkmal sinnlosen Mordens vorbei. Am 19. Mai 1945, ein paar Tage nach Kriegsende, wurden an dieser Stelle acht junge deutsche Soldaten von den Russen erschossen. Die Schriftstellerin Ilse Krumböck hat sich in ihrem Buch „Werwölfe im Waldviertel?" mit diesem Thema befasst. Zwei entlassene KZ-Sträflinge trieben an diesem Tag acht blutjunge Hitlerjungen vor sich her. Sie hatten sich auf dem Heuboden eines Gasthauses versteckt, kurz danach in der Kirche Zuflucht gesucht. Dort wurden sie entdeckt und dem Erschießungskommando übergeben. Das Denkmal erinnert an die schaurige Tragödie mit einem Spruch aus dem Matthäus-Evangelium: „Selig, die keine Gewalt anwenden, denn sie werden das Land erben".

links: Die Kälte hat das Land fest im Griff.

Beim Anblick des Galgens überkommt mich schauriges Grausen.

Der großartige Flügelaltar der ehemaligen Klosterkirche von Schönbach

links: Franz Höfer im Klosterladen

Max begleitet mich noch ein Stück mit seinem Hund in den nebelverhangenen Morgen, doch kurz darauf bin ich wieder allein. In einem stetigen bergauf, bergab, führt mich mein Weg weiter durch eine Streusiedlung Richtung Schönbach. Nach und nach schälen sich allein stehende Bauernhöfe aus dem Nebel, alles ist grau in grau. Dichter Raureif drückt Äste zu Boden und erst in der Mittagszeit reißt die Wolkendecke im Süden etwas auf und lässt das Land punktweise heller erscheinen. Eine weite Winterlandschaft tut sich auf, ein alter Baum steht mitten in der Wiese, die schneebeladenen Äste zu Boden gesenkt. Die Hügellandschaft ringsum verschwimmt am Horizont in einer nahtlosen Masse milchiggrauer Wolken. Eine Bergkuppe gilt es noch zu überqueren, bevor ich in Schönbach bin. Ich komme an einem Heustadel vorbei. Ein hölzernes Schild ist dort angebracht mit der Aufschrift „Des is in Hans sei Stodl".

Mein erster Weg führt mich in die gotische Klosterkirche mit ihren drei wunderbaren, reich ausgestatteten Flügelaltären. Die liebliche Gnadenstatue „Unsere liebe Frau Maria Rast" lächelt mir von einer Säule aus zu. Doch das bekannteste Kunstwerk der Kirche ist wohl das überlebensgroße beeindruckende Kruzifix mit der drastischen Darstellung des Gekreuzigten mit echtem Haupthaar und Dornenkrone. Das Hieronymitanerkloster wurde 1698 gegründet und fand 1828 mit dem Tod des letzten Mönches sein Ende.

Eine Rarität – Der Gekreuzigte mit echter Dornenkrone und echtem Haar

Nun wirkt und werkt hier Franz Höfer in seiner Klosterwerkstätte, wo man altehrwürdige Thonetsessel neu bespannt, Seifen herstellt, Bier braut und ein Wäschereimuseum betreibt. Außerdem hat man sich auf Korbflechterei spezialisiert und eine Kooperation mit Gleichgesinnten aus anderen europäischen Ländern gegründet. Für mich ist Franz Höfer das allerbeste Beispiel, wie man mit Kreativität, Beharrlichkeit und vor allem Verhandlungsgeschick etwas auf die Beine stellen

Die neue Pfarrkirche Bad Traunstein mit seiner eindrucksvollen Holzfaltendecke

kann. Der ganze Ort profitiert davon, dass man diesem alten Gemäuer neues Leben eingehaucht hat.

Ein Weiterwandern auf dem tief verschneiten Weg E6 erscheint mir nicht sinnvoll, deshalb gehe ich auf der Straße weiter Richtung Bad Traunstein. Die Ortstafel „Dorfstadt“ ringt mir ein Schmunzeln ab. Bin ich jetzt in einem Dorf oder in einer Stadt, oder gar in beidem? In Stein komme ich bei einem Zughundemuseum vorbei, ein weiteres Indiz dafür, welch kuriose Ideen in der sauerstoffreichen Luft des Waldviertels entstehen können. Aber auch ein Zeichen für die Armut der Bevölkerung. Wer sich kein Pferd leisten konnte, spannte eben einen kräftigen Hund vor sein Wägelchen. So haben früher Bäcker und Fleischhauer ihre Waren ausgeliefert oder eingefahren.

Es ist schon fast dunkel, als ich in Bad Traunstein eintreffe. Hier hat Dechant Josef Elter seine überlebensgroßen Fußspuren hinterlassen und den Ort geprägt wie kein zweiter vor ihm. Er war nicht nur jahrzehntelang ein umsichtiger Seelsorger, sondern auch ein großartiger Bildhauer. Seine Werke sind im Ausstellungszentrum und im Skulpturengarten zu sehen. Eine dieser Skulpturen hat es mir besonders angetan. Sie sticht aus dem Nebel heraus und zieht mich in Bann. Eine schlanke Frauengestalt, dick mit einem langen Schal vermummt, der man förmlich ansieht, wie ihr kalt ist, kein Wunder bei den Minusgraden, die immer noch herrschen. Auch im Neubau der Kirche konnte sich der Künstlerpfarrer verwirklichen. Die Idee zu der grandiosen Faltdecke aus Holz kam ebenfalls von ihm und ist ein gut gelungenes Beispiel moderner Architektur. Der Hauptaltar aus Granit wurde ebenfalls von Dechant Elter gestaltet. Gleich daneben steht ein Blockhaus, welches von ihm geplant und bewohnt wurde, nun ist es der Wohnsitz der Schriftstellerin Ilse Krumpöck.

Die Quartiersuche verläuft äußerst spannend. Ich gehe in das Gasthaus und frage nach einem freien Zimmer.

„Ja wir hätten ein Zimmer frei, aber zum Wochenende bekomme ich Gäste und ich will es nicht noch einmal herrichten. Probieren Sie es wo anders und wenn Sie nichts bekommen, dann kommen sie noch einmal her!“

Weibliche Skulptur von Dechant Elter – man merkt ihr förmlich an, wie kalt es ist.

Nächster Versuch, ein Privatzimmervermieter ein paar Häuser weiter. Ich klopfe in der Seitengasse an das einzige beleuchtete Fenster. Es entwickelt sich folgender Dialog.

„Wir haben zwar ein Zimmer frei, aber die Heizung ist nicht aufgedreht!“

„Macht nichts, ich schlafe zu Hause auch immer kalt!“

„Warten sie einen Moment, ich ruf beim Nachbarn an!“

Ich warte in der Kälte, bis das Fenster wieder aufgeht.

„Dem seine Zimmer sind derzeit auch nicht beheizt, dann können sie ja doch bei uns bleiben!"

Ich bleibe. Die Hausfrau ist nett, bringt mir noch eine Decke, dreht das Heizkörperventil auf, und ich schlafe gut und ausgiebig. Nächsten Morgen beim Frühstück erzähle ich dem Ehepaar von meinen Waldviertel-Krimis und so kommt es, dass ich den Zimmerpreis mit einem Buch gegenverrechnen kann, auch nicht schlecht. Der Hausherr erzählt mir von den schlechten Zeiten nach dem Krieg, sehr interessant, aber ich muss weiter. Ein kurzer Blick durch das Fenster genügt um festzustellen, dass ein Weitermarsch nichts bringt – der Nebel ist so dicht, dass man die Hand nicht vor den Augen sieht. Vor der Kirche treffe ich Festl Wagner aus Haselberg, er nimmt mich mit und zeigt mir seinen Bauernhof. Nachdem es eine Stunde später noch immer nicht heller ist, fährt er mich heim nach Weitra.

Ein paar Tage später bringen mich meine Frau und ihre Navigatorin nach Bad Traunstein. Das Wetter zeigt sich von seiner besten Seite. Strahlender Sonnenschein, Temperaturen nur mehr knapp unter Null, ein traumhafter Wintertag bietet die beste Voraussetzung für eine Wanderung. Am Ortsende, gleich neben der Straße, stoße ich auf den Wegweiser des Ysper-Weitental Rundweges Nr. 22. Ich steige dort ein, werfe noch einen Blick auf den Ort zurück, der sich malerisch zum Berghang hin aufbaut, gekrönt von der Kirchturmspitze. Der Weg ist gut geräumt und ich treffe auf eine Schneeschuhwanderin, eine Tirolerin, die hier auf Kur ist. Nach einigen Kilometern erreiche ich die Ortschaft Walterschlag und werde stutzig, denn dort wollte ich eigentlich nicht hin. Ein Blick auf die Karte zeigt mir, wie das passieren konnte. Der Wanderweg 22 ist ein Rundwanderweg und von Bad Traunstein aus gehen zwei Wege weg. Der eine Richtung Ottenschlag südöstlich, der nach Gutenbrunn südwestlich. Es wäre hilfreich, wenn man auf dem gelben Blechpfeil die nächste Ortschaft anzeigen würde. Ich habe kein Problem damit, da ich eine Karte mithabe und mit einem guten Orientierungssinn ausgestattet bin. Aber was macht da ein Ortsunkundiger?

links: Traumhafter Winterwald

Also marschiere ich querfeldein Richtung Westen, wo ich bald wieder auf den richtigen Weg stoße und finde mich in einem Wintermärchen wieder. Die Bäume sind dicht mit Schnee bedeckt, ihre Äste biegen sich unter der weißen Last, glitzernd vom Frost. Leichter Wind kommt auf, Eiskristalle rieseln herab, blitzen blau und rosa auf, wenn sie sacht durch die Bahn der Sonnenstrahlen fallen. Die kleinen Bäumchen tragen Zipfelmützen und Schneekristalle glitzern frostig ringsum im Wettstreit um den Winterkönig.

Sonnenstrahlen werfen ein helles Streifenmuster durch den Wald, die Luft ist klar und frisch,

Das klassizistische Schloss Gutenbrunn mit dem Trompeter am Dach

ich bleibe immer wieder kurz stehen und sauge die Bilder förmlich in mich ein. Ich komme bei einem Haus vorbei, in einem kleinen Biotop daneben schwimmen ein paar Enten – kann es sein, dass es früher im Paradies so ausgesehen hat? Eine freie Fläche liegt plötzlich vor mir, und die Helle blendet mich. Über der Hügelkuppe tauchen ein paar Dächer auf, es scheint im ersten Moment, als wären die Häuser im Schnee versunken. Gleich darauf stoße ich auf ein Hinweisschild zur Sternwarte Oed, von der ich bis jetzt nichts wusste. Richtung Osten taucht Martinsberg auf. Ich komme an einem gusseisernen Kreuz vorbei, dessen Sockel tief im Schnee steckt. Ein silbern gestrichener Christus hängt am schwarzen Kreuz, welches mit gelbgrünen Flechten übersät ist. Auf der Birke daneben wiederholt sich das Muster als Beweis dafür, dass in dieser Höhenlage mit extremen Wetterbedingungen zu rechnen ist.

Am Horizont springen mir die ersten Häuser von Gutenbrunn, meinem heutigen Ziel, ins Auge. Am Ortsanfang links erblicke ich das klassizistische Schloss mit dem mächtigen Mansardendach. Es wurde 1771 von Josef Weber, Edler von Fürnberg, erbaut. Dieser war ein gewiefter Geschäftsmann, der nicht nur den Postverkehr nach Martinsberg einrichtete, sondern auch der größte Waldbesitzer war. Er reaktivierte die alte Glashütte und belieferte sie mit Holz. Als Kaiser Joseph II. im Jahre 1786 das Befeuern der Glasschmelzöfen mit Holz verbot, saß er plötzlich auf einem Berg Schulden und verkaufte notgedrungen das Schloss an den kaiserlichen Familienfond. Dem Vernehmen nach machte dann Kaiser Franz I. Gutenbrunn zu seiner Sommerresidenz, um hier im Heilwasser des „Guten Brunnens" zu baden. Seit 2012 ist das Schloss nun im Besitz des russischen Unternehmers Dr. Igor Sukhanov, der es von der Familie derer von Habsburg-Lothringen erwarb. In den letzten Jahren hat es dieser mit hohem finanziellen Aufwand mustergültig renoviert. Seltsamerweise steht auf dem Dach ein bronzener Trompeter, welcher gegen den Himmel bläst. Kein Mensch kann mir sagen, warum der dort steht, was er zu bedeuten hat.

Neben dem Schloss steht die kleine Kirche. Ich trete ein und mache eine verblüffende Entdeckung. Oben auf dem Hochaltar ist die Muttergottes zu sehen, wie sie das Jesuskind stillt, eine äußerst seltene Darstellung, die ich so noch nie gesehen habe. Ein paar Schritte weiter steht das ehemalige Bühnenwirtshaus Juster. Dieter hat hier jahrzehntelang das kulturelle Leben des Ortes geprägt und zahlreiche Künstler auf seiner Bühne auftreten lassen. Nun widmet er sich anderen Aufgaben und ist derzeit mit der Entwicklung des Lebensweges beschäftigt. Er hat das Kunststück zuwege gebracht, gleich zweiundzwanzig Gemeinden davon zu überzeugen aus dem Ysper-Weitentalweg und dem Kremstalweg einen 260 km langen Weitwanderweg zu schaffen. Unter dem Titel „Lebensweg" werden auf dreizehn Etappen die Stationen eines menschlichen Lebens dokumentiert. Vorhang auf für Dieter Juster! Aber es gibt noch einen zweiten Pionier in Gutenbrunn, nämlich Erwin van Dijk, einen holländischen Grafiker, der sich hier niedergelassen hat. Er ist Mitbegründer der Kulturinitiative Weinsbergerwald und hat mit anderen auch das Büchlein „Spuren – Die Geschichte des Weinsbergerwaldes in vierundfünfzig Fundorten" herausgebracht. In den Kapiteln Stein und Glas, Holz und Wasser, Diesel und Dampf und Verbrannte Erde bringt er interessierten Besuchern die Geschichte der Gegend dar.

Doch Gutenbrunn hat noch mehr zu bieten. August Marschall hat hier bereits 1971 das erste

Kirche Gutenbrunn.
Die Muttergottes stillt das Jesukind.

Langlaufzentrum in Niederösterreich geschaffen. Ihm verdankt der Ort den Ruf, das größte Langlaufgebiet des Waldviertels zu sein. Sechzig Kilometer bestens präparierte Loipen führen durch die winterfeste Hochfläche.

Im größten Gasthaus erlebe ich Kapitel Zwei meiner Quartiersuchkomödie. Lehnen Sie sich zurück und genießen sie folgenden Dialog:

„Grüß dich, Herr Wirt, ich war voriges Jahr als Reisebegleiter von Weitra aus mit zwei Tiroler Bussen bei dir Mittagessen!"

„Freilich kenn' ich dich noch, du bist der Nachtwächter von Weitra!"

„Hast du ein Zimmer für mich frei für heute Nacht?"

Er geht in die Küche, lässt die Türe offen. „Mama, hauma nu a Zimma frei, fia an Waunderer fia a Nocht?"

Mama, seine Frau: „Sog eahm in Preis, daun geht a eh glei weita!"

Soweit zu einem Musterbeispiel Waldviertler Servicequalität. Im ersten Moment bin ich verärgert, im zweiten Moment lache ich darüber und bleibe trotzdem.

Morgens darauf sitze ich mit einem Ehepaar beim Frühstück. Anscheinend waren wir drei die einzigen Gäste, und man wollte sich die Mühe ersparen, für nur eine Nacht ein Zimmer herzurichten. Diese Situation ist nicht neu für mich, denn so etwas habe ich auch schon in den größten Fremdenverkehrsgebieten der Alpen erfahren müssen. Als eine Art Wiedergutmachung setzt sich die Wirtin zu mir.

„Sie müssen wissen" meint sie wohlwollend, „dass wir im Winter mit den Langläufern und im Sommer mit den Mountainbikern und Motorradfahrern genug zu tun haben, da können wir uns nicht auch noch um die Wanderer kümmern! Und ich würde sie bitten, dass sie jetzt die dreizehn Kilometer bis Bärnkopf auf der Straße weitergehen und nicht auf den gespurten Loipen, es ist eh nicht viel Verkehr bei uns!"

Ich verstehe und setze tatsächlich meinen Weg auf der Straße fort. Es geht ständig durch den Wald, was eingedenk der Tatsache, dass ich mich im größten geschlossenen Waldgebiet Österreichs befinde, fürwahr kein Wunder ist. Waldeigentümer ist nach wie vor das Haus Habsburg-Lothringen mit Sitz im Schloss Persenbeug. Am rechten Straßenrand entdecke ich eine Gedenktafel auf einem Granitblock. Vierzehn Tage vor Weihnachten 1948 ist hier Cäcilia Schiefer einer Mörderhand zum Opfer gefallen. Bärnkopfs Bürgermeister Arnold Bauernfried erzählt mir am Telefon, dass das Mordopfer vom Einkauf in Gutenbrunn auf dem Heimweg beraubt und erschlagen wurde. Die beiden Täter wurden ein paar Tage später in Grein an der Donau gefasst. Einer hat sich in der Zelle erhängt, der andere wanderte hinter Gitter.

Der kleine Ort, rundum von Wäldern umgeben, hat sich ebenfalls dem Langlaufsport verschrieben und ist während des Sommers bei Wanderern sehr geschätzt. Aber es gibt noch eine andere Besonderheit hier. Eine Waldviertler Supermarktkette, die auch hier aktiv tätig war, hat nach der Insolvenz das Geschäft wieder zugesperrt. Findige Köpfe des Ortes reagierten fortschrittlich, schufen einen Verein und legten Anteilscheine zu je 100,-- Euro auf. Mit den lukrierten 33.000,-- Euro wurden Waren angeschafft und das erste Personal eingestellt. Für die Anteilseigner war das Risiko gleich Null, da sie ihr Geld innerhalb von drei Jahren wieder als Einkaufsgutscheine zurückerstattet bekamen, und nun gibt es endlich wieder einen Nahversorger hier in Bärnkopf. Also nochmals – Vorhang auf für soviel Privatinitiative!

Mein Plan war, die Winterrunde in zehn Tage mit dem Marsch durch die wildromantische Ysperklamm zu beenden. Einheimische warnten mich davor, da Stege und Stiegen vereist waren. Außerdem, so erfuhr ich, sei die Klamm kurz nach der Schneeschmelze am spektakulärsten, da im Frühjahr der höchste Wasserstand sei. Kurzerhand ließ ich mich überzeugen und ging zur Bushaltestelle, stieg als einziger Fahrgast ein und löste eine Fahrkarte nach Ottenschlag. Der nette Busfahrer erklärte mir mit einem ironischen Schmunzeln die Tücken des Fahrplanes. Wir würden, so meinte er, erst zwei Minuten nach der Abfahrt des Anschlussbusses Richtung Zwettl in Ottenschlag ankommen. Sehr sinnvoll!! Da ich aber der einzige Fahrgast war, stieg er auf das Gas, und so konnte ich tatsächlich den Bus nach Zwettl noch erreichen.

Von dort würde mich meine Frau wieder abholen. Vorhang auf für den gewieften Busfahrer, Vorhang zu für den Fahrplangestalter.

Frühling

10 Tage

Bärnkopf
Ysperklamm
Peilstein
St. Oswald
Nöchling
Münichreith
Maria Taferl
Leiben
Weiten
Maria Laach
Pöggstall
Kottes
Albrechtsberg
Sprögnitz
Zwettl

Frühling

Es ist wieder so weit – meine Frühjahrsrunde beginnt! Monika bringt mich zur Weinsbergwiese knapp vor Bärnkopf. Auf der Wiese stehen ein paar Häuser im typischen Forsthausstil. Von dort steige ich auf zum Weinsberg. In einem Dokument des Stiftes Kremsmünster von 1299 werden bereits Besitzungen am Weigansberg erwähnt. 1388 befindet sich die Burg „Weinperkh" in der Hand Konrads von Maissau und seiner Söhne Ulrich und Otto von Pöggstall. Aber bereits 1412/14 wird sie als „Burgstall" bezeichnet, was soviel wie „aufgelassene Burg" bedeutet. Auf dem 1041 m hohem Gipfel stehe ich vor den Resten des Bergfrieds.

Im Mittelalter war diese Burg ein wichtiger Teil der Waldviertler Signalkette und die höchstgelegene im ganzen Land. Von der Burg Weitra aus wurden Signalfeuer (Kreidefeuer) zur Fluchtburg auf dem Johannsberg gesandt, von dort weiter südlich nach Arbesbach und Rapottenstein, von dort weiter zum Weinsberg. Dank seiner exponierten Lage konnte man das Signal bis zur Donau hinunter senden, wenn Gefahr in Verzug war. Der Blick vom Gipfel in die Ferne ist großartig. Eine bewaldete Hügelkette reiht sich an die nächste und es wird einem klar, warum das Waldviertel eben das Waldviertel ist. Nirgendwoanders ist der Wald so präsent wie hier.

Genau so wie die gewaltigen Gesteinsformationen und die geheimnisvollen Hochmoore hat im Besonderen auch der Wald seit jeher die Fantasie der Waldviertler beschäftigt. Zahlreiche Mythen, Sagen und Märchen ranken sich um den Wald und seine Bewohner. In der Romantik rückte der Wald in den Mittelpunkt von Musik, Malerei und Dichtung. Der Wald wurde zur Heimat einer märchenhaften, magischen Landschaft, die uns aufnimmt, beschützt und behütet. Der Wald streichelt unsere Seele, und die Mittelgebirgslandschaft verstärkt all diese Empfindungen um ein Vielfaches. Ein Mensch, der mit sich im Reinen ist, befindet sich in seiner Mitte. Das Mittelmaß ist genau das, was uns entspannt, was uns wohl tut. Deshalb ist das Waldviertel die ideale Landschaft für den Erholungssuchenden. Nichts ist extrem hier, alles ruht in sich selbst, unsere Sinne werden hier nicht überfordert. Aus Japan, wo die meisten Menschen in Großstädten eingepfercht leben, kommt derzeit der Trend des „Shinrin-yoku", auf Deutsch „Waldbaden". Durch den Wald gehen, Meditation und Augenentspannung betreiben, sich einen Kraftbaum suchen und den Wald sinnlich zur Gesundung von

Körper, Geist und Seele nützen. Als ich früher meinen Installationsbetrieb noch hatte, bin ich oft auf der Fahrt zu Kunden auf einen Waldweg eingebogen. Auf einer Lichtung ausgestiegen, auf einen Baumstumpf gesetzt, tief durchgeatmet. Die Kraft der Natur ringsum auf mich einströmen lassen. Es reichte immer nur für ein paar Minuten, doch diese Tiefenentspannung ließ mich genug Kraft für das Tagesgeschäft schöpfen.

Für unsere Ahnen waren Bäume, war die Natur von einem göttlichen Geist durchwoben. Die Kelten feierten hier ihre Feste, überall im Lande standen sogenannte „Heilige Bäume", unter denen man im Zyklus der Jahreszeiten Gesänge, Tänze und Opferfeste rituell beging. Traditionell waren diese Heiligtümer festgelegte Plätze in den Wäldern, die ausschließlich für rituelle Handlungen aufgesucht wurden. Sie galten als Orte, wo die verlorene Einheit zwischen den Menschen und den Göttern wieder belebt werden konnte, als Platz, wo das Menschliche und das Spirituelle zusammenflossen. So gesehen ist es kein Wunder, wenn man auch heute noch in so manchem Waldstück eine „Tanzbuche" findet.

Die „Kulturinitiative Weinsbergerwald" und der „Historische Verein Weinsbergerwald" haben ein aufschlussreiches Büchlein herausgegeben, nämlich „Die Geschichte des Weinsbergerwaldes in vierundfünfzig Fundorten". Erwin van Dijk, Marianne Hofer-Czermak, Thomas Kühtreiber und Gerald Fragner berichten darin anschaulich

Die Mauerreste des Bergfrieds der einst höchstgelegenen Burg des Waldviertels

über das gewiss nicht leichte Leben in dem größten Waldgebiet Österreichs. Sie haben sich aufgemacht, Spuren zu suchen und zu finden. Von der zaghaften Erstbesiedlung im späten Mittelalter, von den Menschen, die hier lebten, von den Naturschätzen des Landes und ihrer Nutzung bis in die Gegenwart.

Ich aber steige vom Gipfel des Weinsberges mit seinem Mauerresten hinab und stoße gleich darauf auf den hier noch schmalen, unschuldig

dahin dümpelnden Oberlauf der Ysper. In einem Unterstand sind Bilder vom uralten Handwerk der Holzdrift zu sehen. Daneben ein Klafterscheitl von 1929 in der Länge von ca. 70 cm. Diese hat man durch die steile Klamm in fünf Stunden hinab geschwemmt bis zur Donau, von wo das Brennholz bis nach Wien gelangte. Auf einer Länge von zwei Kilometern stürzt hier das Wasser 300 Höhenmeter über die Steine ins Tal, gurgelt und brodelt, gluckst und zischt, bahnt sich seinen Weg über Kaskaden und Gumpen, schäumt mit weißen Spritzern über schwarzen Stein, ein gewaltiges Naturschauspiel, welches den Vergleich mit den bekannteren Klammen im Alpenland nicht zu scheuen braucht. Immer wieder versperrt Altholz den Wasserweg, versuchen von Menschen erschaffene Klaftermauern das Wasser in die richtigen Bahnen zu lenken. Im Zuge der Landesausstellung 2017 im nahen Pöggstall hat man hier vorbildhaft Brücken und Stege, Stiegen und Geländer geschaffen, um das Spiel des Wassers mit all seiner Kraft und Energie bestaunen zu können.

Auch einen Druidenweg gibt es hier mit solch eindrucksvollen Steinformationen wie „Phallus und Vulva" bis hin zum „Inneren Steinkreis", welcher einst als Sammelplatz der Druiden galt. Ob es hier wirklich welche gegeben hat? Möglich

links: Die Ysperklamm – ein großartiges Naturschauspiel im südlichen Waldviertel

Es zischt und brodelt, gurgelt und gluckst – das Wasser sucht sich seinen Weg.

wäre es durchaus, war doch die ursprüngliche Natur stets ein weiser Lehrer der Druiden, Barden, Mystiker und Philosophen. Kelten lebten hier einst vor vielen Jahren und ihre Gedichte und Geschichten waren stets mit Hinweisen auf die Landschaft durchwoben, deren Wildheit und Schönheit die Seele berührt. Ungeachtet aller Wandlungen der Menschheitsgeschichte hält das Wissen unserer Ahnen noch heute viele Werte für uns bereit. Und wenn man sich die Mühe macht, die steilen Treppen hinunterzusteigen, dann spürt man die unbändige Energie des Wassers, die Kraft der Steine und die Weisheit der Bäume ringsherum. Unsere Hauptquelle an psychischer Energie in einer hektischen Zeit wird auch in Zukunft davon abhängig sein, wie sehr wir uns auf die Mythen und die Mystik der Natur einzustellen vermögen.

Allzu ungern verlasse ich dieses Naturschauspiel und wende mich der nächsten Herausforderung zu, denn vor mir baut sich der Peilstein auf, mit 1069 Metern der zweithöchste Berg des Waldviertels. Der Berg ist Teil des langgestreckten Höhenzug des Ostrongs, um den sich zahlreiche Legenden und Sagen ranken. So soll es in seinem Inneren einen geheimnisvollen See geben mit einem noch geheimnisvolleren Riesenfisch darinnen. Manchmal ist hier oben ein eigenartiges Dröhnen zu hören. Es kommt eben von diesem Riesenfisch, der mit seinem Schwanz an den Berg klopft. Noch schläft er, aber sollte er eines Tages aufwachen, so wird das den Untergang des Yspertales bedeuten. Denn dann wird er mit einem kräftigen Schlag den Berg zerteilen und der See sich sintflutartig über das Tal ausbreiten. Deshalb bemühe ich mich, den Weg über den Berg so schnell wie möglich zu bewältigen ...

Der Weg ist wunderschön, doch fürwahr kein Honiglecken. Immer wieder bleibe ich stehen, verschnaufe und schöpfe Luft. Es geht durch einen Buchenwald. Das Mittelgrau der schlanken Stämme erinnert mit den Tupfen der noch jungen, hellgrünen Triebe an ein pointillistisches Gemälde. Immer wieder tut sich der Blick auf in die tiefen Täler. Am Kleinen Peilstein steht ein Gipfelkreuz am Fels, und der Wind weht so heftig, dass ich meine Kappe halten muss, damit sie mir nicht davonfliegt. Doch der Ausblick ist grandios, entschädigt tausendfach die Mühen des Aufstiegs. Ein breites Tal tut sich auf, mit kleinen Dörfern und Einzelgehöften, um alsbald wieder in den Hängen der nächsten Hügelreihe, nordwärts gelegen, aufzugehen. Eine Weile wandere ich den Kamm entlang, am Großen Peilstein vorbei, der längst nicht so spektakulär ist wie sein kleiner Bruder, und dann stehe ich plötzlich auf einer Lichtung, und die Markierung ist nicht mehr da. Eine mächtige Buche teilt den Weg. Ich weiß nicht mehr, wie es passiert ist, aber ich entscheide mich für den falschen Weg, der südwärts führt, obwohl ich weiß, dass ich eigentlich westwärts muss, ins Tal hinunter nach Altenmarkt. Ich vertraue darauf, dass sich mein Weg irgendwann, irgendwo ebenfalls nach Westen wenden wird, doch es geschieht nicht. Der Tag ist schon fortgeschritten und ich bin immer noch nicht beim Quartier. Plötzlich schießen von links zwei Mountainbiker den Forstweg heran, bremsen sich vor mir ein.

„Hast du da irgendwo die Markierung vom 33er Weg entdeckt?“, will der eine wissen. Ich verneine, und es ist für mich wahrlich kein Trost, dass ich nicht der einzige bin, der in die Irre geleitet worden ist. Nach einem kurzen Gruß sind die beiden fort, und ich bin wieder alleine. Kurz

darauf sehe ich eine Ortschaft vor mir, und mich trifft fast der Schlag – es ist Münichreith, wo ich eigentlich erst am nächsten Abend mein Nachtquartier aufschlagen wollte. Herr Flam von der Rotte Neuwaldhäuser klärt mich auf, wo ich am Bergkamm abbiegen hätte sollen. Doch das ist mir schon seit zwei Stunden traurige Gewissheit. Er ist nett, nimmt mir den Rucksack ab und verstaut ihn in dem Kofferraum seines Wagens, und wir begeben uns auf Herbergssuche. Haselböck

Durch den frühlingshaften Buchenwald geht es steil zum Gipfel hinauf.

in Münichreith hat Ruhetag, in Altenmarkt ist nichts frei, doch in Ysper ist mir das Glück hold, und ich checke im Gasthaus „Zu den drei Hacken" ein. Die Wirtsleute haben sich auf Motorradgruppen eingestellt, überall hängen Bilder von Motorsportlern. Eine eigene Werkstätte gibt

es hier zum Herumschrauben, und in der Garage ist Platz für vierzig Feuerstühle. Der Wirt organisiert Motorradtouren, sogar bis hinauf ins Obere Waldviertel, also auch nach Weitra, ich biete ihm meine Nachtwächterführungen an.

Am nächsten Morgen ist der Himmel total verhangen, bleierne Wolken ziehen dahin.

Kaum verlasse ich Ysper, beginnt es zu regnen, ich lasse mich aber nicht aufhalten. Der Blick auf den Ostrong begleitet mich noch lange und ich befinde mich auf dem Herzsteinweg. Der Regen wird leichter, und ich stehe wieder einmal vor einem Rätsel – plötzlich kommt der Herzsteinweg aus der Gegenrichtung! Ich blicke mich um, lasse den Herzstein Herzstein sein, sehe tief unten einen Bauernhof und eine Straße. Ein Güterweg führt diagonal den Gegenhang hinauf, darüber blitzt die Kirchturmspitze von St. Oswald über die Kante. Kurzerhand steige ich durch den lichten Hochwald hinunter. Neben einem weiteren Bauernhof stehen drei Männer mit einem haarneuen, riesigen Heuwender. Ich komme mit ihnen ins Gespräch, und sie erklären mir mit Bauernstolz das grüngelbe Ungetüm. In St. Oswald besuche ich die schöne Kirche. Im „Hotel des Glücks" esse ich zu Mittag. Ausgerechnet in der Karwoche hält hier ein Schamane ein Selbstfindungsseminar, wäre sicher interessant gewesen! Der Wirt klärt

die Pfarrkirche von Ysper

mich über den Herzsteinweg auf. Es gibt zwei davon, eben einen von Ysper weg und einen von St. Oswald hinauf zu der Steinformation, schmeck's, wer kann. Bei solchen Markierungen ist es kein Wunder, wenn man im Kreis läuft.

Der Regen hört urplötzlich wieder auf. Eine breite Wiesenfläche hinauf weiden schwarze Kühe, die Bäume zeigen schon zaghaft ihr erstes Grün, und in den Gräben und Bächlein gluckst es. Ganze Matten von Buschwindröschen im hellsten Weiß liegen da vor mir, knallgelbe Sumpfdotterblumen säumen die Wasserläufe, der Frühling ist nun

links: Die großartige Aussicht lohnt die Mühe des schweißtreibenden Aufstiegs.

Auf den Hügelkuppen sind verstreut große Bauernhöfe zu sehen.

endgültig angelangt! Eine weite Hügellandschaft tut sich vor mir auf, Kuppe folgt auf Kuppe, große Bauernhöfe liegen malerisch verstreut dazwischen, weniger Felder, aber mehr Wiesen sind zu sehen. Da und dort blühen bereits die Kirschbäume, weiße Punkte im grünen Land. Wohin man auch sieht weiden Rinder auf saftigem Grün, sichtbar froh darüber, einem langen Winter im Stall entronnen zu sein. Ein Blick zurück zeigt mir, dass der mächtige Höhenrücken des Ostrongs langsam aber sicher aus dem Bild rückt. Weiß gekleidete Heurollen liegen dicht an dicht neben dem grasigen Wanderweg. Auf einem großen Hof sticht mir das Schild „Schaitzenlehen anno 1499" ins Auge und zeigt von der vergangenen Feudalherrschaft.

Bald schon komme ich nach Nöchling. Ich habe dort im ehemaligen Gasthaus Schachenhofer telefonisch ein Zimmer bestellt. Es ist ein wunderbarer, großer Hof, der einstmals auch Pferdewechselstation war. Die Fassade des Erdgeschosses ist gebändert und verfügt über eine Fensterlünette mit Fächermotiv. Das Gasthaus hat vor einigen Jahren, wie so viele andere auch im Waldviertel, den Betrieb eingestellt. Der Besitzer, Herr Sobota, erzählt mir voller Stolz, dass die Kaiserin Maria Theresia hier einst übernachtete. Jetzt aber bin ich da! Zwei große Tore sind zu sehen, bei dem einen fuhr die Kutsche hinein, wechselte die Pferde und fuhr bei dem anderen hinaus, um nicht im Hof wenden zu müssen. Gleich gegenüber steht die Pfarrkirche, geweiht Jakobus dem Älteren. Es ist ein Saalbau mit spätgotischem Chor und einem Südturm.

Am Ortsanfang steht der moderne Installationsbetrieb Fichtinger, der bereits vom Sohn geführt wird. Ich gehe hinein, stelle mich vor und frage den Juniorchef, ob seine Eltern zuhause sind. Da sich niemand meldet, hinterlasse ich meine Visitenkarte und ersuche um Rückruf. Kaum habe ich mein Zimmer bezogen, meldet sich die Mutter, Margarete Fichtinger. Ja, sie freuen sich, mich nach so viel Jahren wieder einmal zu sehen, aber es kann nur vor der Kirche sein. Es ist Gründonnerstag und damit Zeit für die Ölbergandacht. Kurz vor Beginn treffe ich Ludwig und Margarete, und wir treten in die Kirche ein. Im Altarraum überraschen mich die mächtigen, birnstabförmigen Netzrippen, die dem Gewölbe eine gewisse Schwere vermitteln und etwas düster wirken. Zwei lange Stunden auf einer harten Bank muss ich ausharren, doch ich denke, es hat mir nicht geschadet. Dafür nehmen mich die beiden mit in ihr Refugium, das diesen Ausdruck wahrlich verdient. Eine alte Mühle mit der interessanten Adresse „Freigericht" weist auf die historische Bedeutung hin. Ganz allein haben sie sich hier sehr, sehr wohnlich eingerichtet, der nächste Nachbar ist hunderte Meter weiter weg, noch dazu ein Prominenter, der Schauspieler Josef Hader. Bis Mitternacht tratschen wir über die alten Zeiten, und Ludwig fährt mich wieder hinauf nach Nöchling.

Frühmorgens ziehe ich weiter, blicke nach Osten und siehe da, der Ostrong zeigt sich wieder in voller Pracht und Größe unter noch immer wolkenverhangenem Himmel. Mein Weg führt mich bergab in das Tal der Ysper. Ein bekanntes Gasthaus steht dort, die „Rote Säge". Ich frage, was es zu essen gibt. Die Auswahl ist nicht groß,

Die Kirche von Nöchling

denn es ist ja Karfreitag. Als Alternative zum Fisch bietet mir der Koch frischen Spargel an mit Petersilkartoffeln und Sauce hollandaise. Ich greife zu und gewissermaßen als Bonus streut er mir ein paar Fingerspitzen voll getrockneter Rosenblätter über den weißen Spargel. Es schmeckt köstlich!

Über eine steinerne Brücke überquere ich die Ysper, gehe neben einem kleinen Bächlein bergauf, links und rechts säumen junge Buchen den Weg. Auf einer Hügelkuppe steht ein großer Gutshof, mein Weg führt geradeaus dort hin. Am Wegesrand begrüßt mich ein Schild mit der Aufschrift „Privatgrund. Das Begehen und Befahren ist verboten". Ein paar Meter dahinter baut sich ein mächtiger Hochstand auf, drohend wie ein Wachturm. Nanu, denke ich, muss da jemand sein Hab und Gut verteidigen? Als gesetzestreuer Staatsbürger weiche ich auf den linken Weg aus und komme bald darauf bei einer Holzlagerstelle vorbei. Es ist Buchenholz, welches hier fein aufgeschichtet auf den Holztransporter wartet, ungewohnt für einen Bewohner des Oberen Waldviertels, wo Fichte vorherrscht. Kurz darauf aber tauche ich dennoch in einen Fichtenwald ein, komme bei einem „Roten Kreuz" vorbei, gefolgt von einer Pferdekoppel und einer Christbaumschonung. Hier im südlichen Waldviertel ist das Wetter nicht so rau wie weiter oben bei uns, und so ist es kein Wunder, dass die meisten Christbäume von hier kommen. Bald springt mir der Kirchturm von Münichreith ins Auge mit seinem markanten bei uns eher seltenen Satteldach. Die Kirche ist Gott sei Dank offen, was heutzutage leider nicht unbedingt mehr die Regel ist. Mein Blick fällt sogleich auf eine ausgesprochen martialische Darstellung des „Heilands von der Wies". Oberkörper, Beine und Arme sind von blutigen Wunden entstellt, zwei Engel links und rechts halten eine Geißel in ihren Händen.

Die Familie Haselböck bewirtschaftet hier ein gutgehendes Gasthaus mit einer eigenen Gasthausbrauerei, die seit 1999 in Betrieb ist. Paul, Wirt und Brauer mit Leib und Seele, braut 320 Liter mit einem Sud. Er experimentiert gerne und versucht es immer wieder mit neuen Geschmacksrichtungen. Seither pilgern Bierliebhaber hierher, erfreuen sich an einem guten Schluck und lassen sich von Paul immer wieder mit neuen Spezialitäten überraschen. Nicht nur klassisches Märzen gibt es hier, sondern auch dann und wann ein Stout, ein Ale, oder eines auf böhmische Art. Wenn man über die Jahre alle Biersorten zusammenzählt, dann kommen gut und gerne fünfundzwanzig zusammen. Bier gut, Essen gut, Zimmer geschmackvoll eingerichtet – ich wäre gerne länger geblieben, doch die Zeit drängt.

Nach einem guten Frühstück marschiere ich am Karsamstag weiter. Ein gelber Wegweiser zeigt mir den Pilgerweg nach Maria Taferl. In einem Garten steht ein prächtiger Magnolienstrauch, übervoll mit zartrosa Blüten. Von weitem grüßt die zweitürmige Basilika. Den Golfplatz zur Linken schreite ich zügig den Berg hinan, ein blaugelbes Schild mit der Muschel und der Aufschrift Pilgerwirtshaus zeigt mir, dass der Jakobsweg hier durch läuft. Ich bin ihn vor einigen Jahren bereits gegangen. Die Turmuhr zeigt Viertel nach Elf und ich trete in die prächtige Kirche ein. Als ich vor etlichen Jahren hier war, wurde die Basilika gerade renoviert. Nun aber erstrahlt sie in altem Glanz, vor allem die Altäre,

Paul Haselböck in seiner Brauerei

Blick auf die Wallfahrtskirche Maria Taferl

die überaus prächtige, vergoldete Kanzel und das Deckenfresko. Die grün-goldene Orgel kommt mir im ersten Blick kitschig vor, doch wie alles im Leben ist das reine Geschmackssache. Ich verharre eine Weile in Gedanken versunken, bevor ich weiterziehe. Ein Blick von der Terrasse hinunter ins Donautal zeigt mir, dass sich das Wetter noch immer nicht gebessert hat. Eine dichte, bleigraue Wolkendecke hängt über dem Strom, verwehrt mir die hierorts berühmte Aussicht auf die Voralpen. Mein Weg führt mich ostwärts weiter, Richtung Artstetten. Endlich lichtet sich die Wolkendecke, und die Sonne blitzt vorerst noch zaghaft, aber immerhin, hervor. Ringsum zeigt sich das Frühjahr in Bestform, alles blüht und grünt. Vogelkirsche, Weißdorn und Schlehensträucher sprenkeln das Land in hellem Weiß. Die Natur in ihrer Rolle als Landschaftsmaler. Allein die Palette der verschiedenen Grüntöne überwältigt mich immer wieder. Hellgrün. Lindgrün. Gelbgrün. Moosgrün. Flaschengrün. Tannengrün. Resedagrün. Blaugrün. Graugrün. Dunkelgrün. Braungrün. Behördengrün. Mintgrün. Mein Wortschatz reicht nicht aus, um all diese Nuancen des frühlingshaften Grüns zu beschreiben. Die Wiesen sind saftig voll von einem so intensiven Grün, an das sich mein Auge nach einem langen Winter erst wieder gewöhnen muss. Umgeben von dieser Pracht und Herrlichkeit der Natur lugt das Schloss Artstetten hervor, die Rundtürme mit ihren markanten, grün patinierten Zwiebeltürmen obenauf ergänzen das Farbenspiel um einen Grünton mehr.

Das wahrhaftig geschichtsträchtige Renaissanceschloss wurde von 1560–1592 erbaut und 1823 vom österreichischen Kaiserhaus erworben. Danach kam es in den Besitz der Erzherzöge Franz Karl und Karl Ludwig, der es wiederum seinem Sohn, dem Thronfolger Franz Ferdinand, vererbte. Das Attentat von Sarajevo im Jahre 1914, bei dem Erzherzog Franz Ferdinand und seine Gattin Sophie, Gräfin von Hohenberg, ermordet wurden, gab den Startschuss zum schrecklichen 1. Weltkrieg. Beide sind hier in der Gruft in zwei Marmorsarkophagen bestattet. Am gemeinsamen Sockel stehen die berührenden Worte „Verbunden durch das Band der Ehe, vereint durch das gleiche Geschick".

Maria Taferl ist der größte Wallfahrtsort des Waldviertels – Blick auf den Hochaltar

Viel Interessantes gäbe es hier zu sehen im Schloss und im Museum. Es ist eben das Schicksal des Wanderers, immer wieder weiterziehen zu müssen. Das Tagespensum an Schritten, Metern und Kilometern ist begrenzt, und so bleibt leider nur mehr ein kurzer Besuch der Schlosskirche, die dem Hl. Jakobus geweiht ist und wo mir eine lustige Darstellung des Hl. Grabes ins Auge

sticht, bei der zwei römische Soldaten bei der Bewachung dahindämmern. Ach ja, bevor ich`s vergesse, ein Stück Torte auf der Terrasse des Schlosscafés war auch noch drinnen. Was sein muss, muss sein! Schluss! Aus! Basta!

Nach fast zehn Jahren bin ich wieder auf dem Jakobsweg, diesmal in die andere Richtung von Artstetten nach Leiben. Damals huschten drei, vier Feuersalamander vor meinen Füßen über den Weg, diesmal haben sie sich leider versteckt. Der sechseckige Taubenkobel bei Losau steht noch immer verlassen neben einem Gehöft. Das blutrot gefärbelte Haus einer Künstlerin ist mir neu. Gleich bin ich in Leiben, wo mein Installateurkollege Franz Bachler auf mich wartet. Denn es ist Karsamstag, und ich muss wieder heim. Nach einer kleinen Stärkung ist er so nett und fährt mich nach Weitra zurück. Nach den Osterfeiertagen werde ich wieder weitermarschieren. Bei den vielen Terminen, die meinen Kalender verunstalten, ist es mir fast nicht möglich, länger als fünf Tage unterwegs zu sein in meinem geliebten Waldviertel. Deshalb bin ich immer wieder auf die Taxidienste meiner Frau oder guter Freunde angewiesen, aber auch auf öffentliche Verkehrsmittel, um jeweils wieder an den Endpunkt meines letzten Stopps zu gelangen. Wie in diesem Falle eben nach Leiben.

links: Die Türme von Schloss Artstetten sind von weitem zu erkennen.

Das Schloss Leiben thront hoch auf einem Felsen über dem Weitenbach.

Diesen Ort kenne ich seit meiner Jugendzeit, als ich mit Franz Bachler in der Berufsschule war. Zu meiner Schande muss ich gestehen, dass ich noch nie in dem riesigen Schloss war. Von der Straße her imposant anzusehen, ein Sperrriegel auf hohem Fels. Unwillkürlich muss ich lachen, einer Episode aus meiner Jugendzeit wegen. Ich war mit Freund Walter ein Wochenende nach Leiben gefahren mit dem Firmenwagen, einem alten VW-Bus mit einer Galerie auf dem Dach, so lang und so breit wie der Wagen. Dunkel kann ich mich erinnern, dass wir, Franz und ein paar Freunde von ihm waren auch dabei, irgendwo in einem kleinen Dorf in einer kleinen Bar auf Holzfässern gesessen sind und ein Bier tranken. Walter verspürte plötzlich ein dringendes Bedürfnis und eilte nach draußen in die Finsternis. Kam mit bleichem Gesicht wieder zurück.

„Zedi“, so fragte er mich, „haben wir nicht auf dem Wagen einmal eine Galerie gehabt?“

„Ja klar“, entgegnete ich verwundert, „was soll mit ihr sein?“

„Sie ist plötzlich nicht mehr da!“ tönte es zurück.

Erschrocken ließen wir alles liegen und stehen, eilten auf den Parkplatz hinaus und sieh da, das Dach war leer. Ratlosigkeit machte sich breit. Irgendeiner der Gruppe räusperte sich, entweder der Franz oder der Ferdl oder ein anderer.

„Ich hab mir noch gedacht, dass es einen leichten Rumpler gegeben hat, als wir beim Schlossfelsen vorbeifuhren, doch ich war mir nicht sicher“.

Voller Bangen fuhren wir wieder nach Leiben zurück. Schreckensszenarien standen vor meinen Augen. Was ist, wenn das Trumm auf der Straße liegt und ein Motorradfahrer darüber stürzt? Ein Auto plötzlich ausweicht und am Felsen zerschellt? Was würde uns erwarten, wenn wir dort sind? Die Polizei und die Rettung vielleicht?

Als wir dort so gegen Mitternacht ankamen, lehnte die Galerie senkrecht am Felsen, nichts war passiert, Gott sei Dank.

Das großmächtige Schloss wurde um 1113 als Burg erbaut, in späteren Jahrhunderten immer wieder erweitert und kam 1796 in kaiserlichen Besitz. Nun gehört es der Marktgemeinde Leiben und beherbergt ein Landtechnikmuseum und ist ein vielbesuchter Veranstaltungsort. Ich verabschiede mich von meiner Frau und meinem bayrischen Nachbarn Lucki, der als Navigator mitgefahren ist. Mein Weg führt mich durch den Ort den Berg zur Kirche hinauf. Ein schöner Bildstock steht am Wegesrand, ich gehe an der Kirche vorbei, da sie sowieso geschlossen ist und tauche in den Wald ein. Kaum aus diesem heraus, breitet sich ein großartiges Panorama vor mir aus. Ein paar Bauernhöfe, umringt von blühenden Apfelbäumen, einer Hügelkette, die sich weit den Horizont hinaufzieht, eine gefährlich dunkelblaue Wolkenschaft darüber, ein Gewitter verheißend, die sich dann und wann minutenlang aber auftut und Sonnenflecken die Landschaft partiell erhellen. Ich weiß nicht, was ich tun soll. Den Rucksack herunterholen, den Regenponcho herausfischen und überziehen? Oder meinem Gespür vertrauen, dass es kein Gewitter geben wird?

Ich habe recht. Das Gewitter verzieht sich so schnell, wie es nicht gekommen ist. Eine schöne Steinbrücke, die Römerbrücke, führt über ein munter glucksendes Bächlein. Eher eine romanische Brücke, also keine, über welche die Römer vor mir drüber zogen, aber trotzdem schön. Die Wiese ist gelb gepunktet vom Löwenzahn, und ein herrlicher Duft liegt über dem Land. Auf einer Wiese steht ein Anhänger mit einem verzinkten Tank und der Aufschrift „Sauer-Milch". Jetzt weiß ich endlich, wie diese gemacht wird. Man pumpt frische Kuhmilch in den Tank, lässt ihn einige Tage, Wochen oder auch vielleicht Jahre dort stehen, bis die Milch sauer wird, oder nicht? Einen runden Betonsilo hat man kindlich bemalt mit Schafen, Kühen und hängeohrigen Hasen. „VS Weiten" ist zu lesen, darunter „4. Klasse". Ich lege mein Ohr auf den grauen Beton, bilde mir ein, das lustige Geschrei der Kinder zu hören, die sicher mächtig viel Spaß beim Bemalen hatten. Oder bilde ich mir das nur ein? Sind es Halluzinationen eines einsamen Wanderers, der auf dieser Strecke oft stundenlang mit sich alleine ist?

Gleich darauf bin ich in Weiten. Der kleine Ort strotzt wie kaum ein anderer von Besonderheiten. Zum einen ist es die große Kirche mit ihren großartigen Glasfenstern, dem prächtigen Chorgestühl und einer Reihe von bemerkenswerten Totenschildern und Grabdenkmälern. Der Glockenturm steht frei wie ein venezianischer Campanile hinter der Kirche und, als ob das nicht genug wäre, führt auch noch unter dem Chor eine Straße durch! Die Glasfenster sind großartig, die meisten stammen aus dem 15. Jahrhundert. An einem dreigliedrigen Fenster kann man links unten folgende Aufschrift lesen: „Unter der glorreichen Regierung Sr.k.k.ap.Majestät Kaiser Franz Josef. I.", in der Mitte ist der doppelköpfige

Die prächtige Kirche von Weiten

Ein großartiger Blick über die Hügellandschaft des südlichen Waldviertels knapp vor Maria Laach

schwarze Adler der Habsburger zu sehen und im linken Feld die kunstvoll verzierte Aufschrift „Restaurirt von Carl Gegling Glasmaler in Wien anno Domini 1874“.

Gegenüber der Kirche, auf der anderen Straßenseite, steht grau in grau gehalten ein spätgotischer Bau, der Geierhorst aus dem 16. Jahrhundert. Die ehemalige Taverne der Mollenburger war bis in die Neuzeit das am längsten durchgehend bewirtschaftete Gasthaus Österreichs, heute steht das Gebäude leer.

Einzigartig ist aber auch das Sonnenuhrenmuseum der Schlosserei Jindra. Johann Jindra baut mit handwerklichem Geschick Sonnenuhren und hat sich auch eingehend mit der Geschichte dieser uralten Zeitmesser beschäftigt. Seine Kreativität ist anscheinend grenzenlos und bei einer Führung lernt man die sonderbarsten Formen seiner kunstvollen Werke kennen.

Hoch oben über dem engen Tal thront die Mollenburg, die sich seit 1972 im Besitz der Familie Mauthe befindet. Der Publizist und Politiker Jörg Mauthe studierte Kunstgeschichte und Byzantinistik, ging 1978 in die Politik und wurde Stadtrat in Wien. Er arbeitete als Kunstkritiker bei der „Furche" und leitete auch die Kulturredaktion der Presse. Seine bekanntesten Romane sind „Die große Hitze" und „Demnächst", welchen er im Angesicht des nahen Todes verfasste. Im Jahre 1986 starb er, die Urne mit seiner Asche ist im Turm der Mollenburg aufbewahrt. Meine liebe Freundin Lotte Ingrisch spricht noch heute in ihrem frühmorgendlichen Zwiegespräch mit seinem Geist.

Nachdem ich zuvor in das Tal abgestiegen bin, muss ich jetzt auf der anderen Seite wieder den steilen Hang hinauf. Ich schwitze wie ein Schwein – schwitzt ein Schwein überhaupt, oder sagt man das nur so? –, muss immer wieder meine Hände zu Hilfe nehmen, da mich mein schwerer Rucksack nach hinten zieht. Oben angelangt stehe ich vor einem alten Kalkofen und die Markierung ist wieder einmal nicht vorhanden. Ich folge dem Weg der Karte nach und stehe vor einem wahrscheinlich schon von Generationen an Wanderern niedergerungenen Drahtzaun. Es geht durch eine Christbaumkultur und am oberen Ende wieder über den schwer geschundenen Drahtzaun und sieh da, von rechts kommt der richtige Wanderweg herauf, jedoch mit einer anderen Bezeichnung! Rette sich, wer kann!

Oben angelangt belohnt ein großartiger Panoramablick meine Mühen. Es scheint, als würde das halbe Waldviertel vor einem liegen. Der Laubwald herrscht hier vor, alles sprießt und grünt, dass einem das Herz lacht. Die blaugrau verhangene Wolkendecke kontrastiert mit dem saftigen Frühlingsgrün. Ich bin auf der Hochfläche vor dem Jauerling, es ist nicht mehr weit zu meinem Tagesziel Maria Laach.

Von weitem schon sieht man den mächtigen Turm der Wallfahrtskirche, bekannt vor allem durch das Gnadenbild „Maria Sechsfinger". Das gotische Gotteshaus birgt zwei Kunstschätze von überregionalem Rang: Vor allem das Hochgrab Johann Georg III. von Kuefstein aus der Spätrenaissance. Ein wahres Meisterwerk von Alexander Colin. Es stellt den Freiherrn in voller Rüstung kniend beim Gebet dar. Dreimal gehe ich rundherum, fotografiere es von allen Seiten und komme aus dem Staunen nicht heraus. Glatt geschliffener, heller Marmor, alle Einzelheiten detailgenau, links das Schwert, der Helm mit der Helmzier vor den Knien. Davor das Wappen,

Das Renaissance Freigrab von 1604 ist ein Meisterwerk aus Marmor.

Der spätgotische Flügelaltar mit seiner anmutigen Madonna von 1480

ringsum auf dem Sarkophag aus rotem Marmor einige Engel.

Der Hochaltar ist ein hervorragendes Beispiel eines spätgotischen Doppelflügelaltars von 1480. Im Schrein sieht man Maria Himmelskönigin mit dem Kind, seitlich die Heiligen Johannes und Paulus, auf der Predella die heilige Magdalena und die heilige Ursula. Ein wunderbar geschwungener Kielbogen krönt Maria mit dem Jesuskind. Ihren kuriosen Namen jedoch verdankt die Kirche einer Rosenkranzmadonna auf dem linken Seitenaltar, die rechte Hand, die den Rosenkranz hält, hat seltsamerweise sechs Finger. Madonna und Jesuskind sind eher mit derben Gesichtern dargestellt, ebenso die vielen Gestalten, welche links und rechts davon aus Mauerluken herausschauen.

Nächtlicher Blick auf Maria Laach

Ich kehre im neu renovierten Gasthaus daneben ein. Das Gastzimmer ist gerammelt voll, ein Leichenschmaus ist im Gange, welcher mancherorts auch Totentrunk oder althergebracht Zehrung genannt wird. Traditioneller Weise gibt es gekochtes Rindfleisch mit Semmelkren, ein Gericht aus alten Zeiten, das bei uns zu Unrecht vom Schnitzel verdrängt worden ist. Mich aber gelüstet nach Käsespätzle mit Lauch, die hervorragend schmecken. Gegenüber in der stilechten „Villa Ahorn" beziehe ich mein Zimmer. Im Fernsehen läuft Inspector Barnaby, mein Lieblingskrimi. Kurz vor dem Schlafengehen werfe ich einen Blick aus dem Fenster. Die Kirche ist hell beleuchtet, flankiert von zwei Gasthäusern. In der „Weißen Rose" habe ich vor zwölf Jahren aus meinem ersten Hochstätt-Buch gelesen, doch nun ist das alte Gasthaus gesperrt.

Nächsten Tag hat sich das Wetter gegen mich verschworen, es regnet und ist neblig. Auf der Sportwiese steht das Denkmal für Turnvater Jahn

Die Aussichtswarte vom Jauerling im Nebel

mit einer Menge an Tafeln, auf der sich verschiedene Vereine verewigt haben. Die deutschnationalen Tendenzen sind eindeutig erkennbar, auch ein paar Waldviertler Vereinsnamen finden sich hier. Deutscher Turnverein Zwettl, Deutscher Turnverein Stiefern und ähnliche, alle stammen aus dem letzten Drittel des 19. Jahrhunderts. Teilweise finden sich darauf Hakenkreuze in der Urform.

Plötzlich taucht ein Aussichtsturm schemenhaft aus dem Nebel. Dieser, 38 m hoch, wurde vom Verein Aussichtswarte Jauerling errichtet und 1991 zur Besichtigung vollständig freigegeben. Doch bereits 1842 befand sich an der höchsten

Stelle des Berges eine 7,5 m hohe Aussichtsplattform, welche nicht mehr existiert. 1898 erfolgte der zweite Anlauf. Der Österreichische Touristenklub schuf einen fünf Stockwerke hohen Turm, der am 24. Juli 1898 als Kaiser-Franz-Josef-Jubiläumswarte feierlich eröffnet wurde. Auch diesem 18 m hohen Holzturm war kein langes Leben beschieden, denn er stürzte in der Nacht vom 9. auf den 10. Februar 1949 ein. Infolgedessen errichteten der Österreichische Touristenklub gemeinsam mit dem Österreichischen Alpenverein einen neuen Aussichtsturm. Dieser wurde 1974 bei einem Wintersturm so schwer beschädigt, dass er bis auf zwei Stockwerke abgetragen werden musste und heute als Lager dient.

Nun stehe ich vor der 4. Ausgabe im dichten Nebel und kann mir die Mühe ersparen hinaufzusteigen, da man sowieso nichts sieht. Schade, denn der wunderbare Ausblick wäre es allemal wert gewesen. Mit 960 m Höhe ist der Jauerling nicht nur der höchste Berg der Wachau, sondern auch die höchste Erhebung entlang der gesamten Donau. Der Name stammt vom slawischen Javornik, was soviel wie Ahornberg bedeutet. Es gibt hier ein Naturparkhaus, einen Sender und am Osthang ein kleines Schigebiet, wo 2012 erstmals ein Weltcuprennen im Snowboard Parallelslalom ausgetragen wurde. Der erfolgreiche Snowboarder Benjamin Karl stammt aus der Gegend. Am flachen Gipfel steht eine Art Gipfelkrone aus Holz, welche innen beschriftet ist. Außerdem ist der Berg für seine Wetterkapriolen bekannt, was ich am eigenen Leibe verspüren musste, als es am 9. Mai zur Mittagszeit ganz kurz zu schneien begann.

Der Blick geht weit hinunter in das Donautal auf Spitz.

Es ist noch immer neblig, als ich wieder absteige auf einem Stück des Wachau Weltkulturerbesteigs, der links und rechts von aufgehäuften kleinen Steinpyramiden gesäumt ist. Ich komme auf eine freie Fläche hinaus und stehe plötzlich vor einem Gasthaus mit Terrasse. Bei Sonnenschein muss der Ausblick traumhaft sein, doch bei diesem Sauwetter sehe ich nur ein Stück der Donau bei Spitz. Als Entschädigung dafür gönne

ich mir eine Käsekrainer und eine Tasse heißen Tee. Dann steige ich vorsichtig den nassen, rutschigen Pfad bergab Richtung Mühldorf.

Von weitem erblicke ich die großartig gelegene Burg Oberranna. Sie ist eine der beeindruckendsten Burgen des Waldviertels und wahrscheinlich auch eine der unbekanntesten. Bereits 1108 wird ein Pilgrim von Ranna-Grie genannt. Der älteste Teil der Burg, die Kapelle zum Hl. Georg, ist wahrscheinlich vor 1108 entstanden und ist in ihrer Form beispiellos in Österreich; genau diese möchte ich besichtigen. Deshalb machte ich mich bei der Planung für meine Waldviertelrunde schlau. Im Internet stand zu lesen, dass es ein Schlosshotel hier gibt und die Besitzerin Lydia Nemec heißt. Ich schrieb sie an, ob ein Zimmer frei wäre. Nein, so hieß es, denn das Hotel würde derzeit renoviert. Mein Herz stand fast still, so enttäuscht war ich. Doch wenn ich vor zwölf Uhr da wäre, dann solle ich die Glocke läuten und die Sekretärin, die nur vormittags da ist, würde mich einlassen, sie wisse Bescheid. Mein Herz schlug plötzlich wieder vor Freude.

Dann ging alles schief. Ich kam um eine halbe Stunde zu spät. Dann suchte ich mit vollem Eifer die Glocke und fand sie nicht! Also machte ich ein paar Fotos von außen und zog wieder ab, wie einst die unerwünschten und erfolglosen Belagerer. Schade! Mittlerweile soll die Burg verkauft werden.

links: Blick auf Burg Oberranna mit seiner einzigartigen romanischen Burgkirche und der Krypta

Mühldorf mochte mich nicht. Das größte Gasthaus hatte Ruhetag, das Brotmuseum war geschlossen und die komische Raiffeisenbüste aus Beton gefiel mir auch nicht. Die Raiffeisenkasse in Mühldorf war die allererste in Österreich, und deshalb sah man sich verpflichtet, dem großen Philanthropen hier ein Denkmal zu setzen, doch er hätte sich ein Schöneres verdient. Genervt nahm ich den nächsten Bus und fuhr nach Pöggstall!

Dort besuchte ich die sehr, sehr interessante Landesausstellung „Alles was Recht ist“. Das Schloss Roggendorf inmitten des Ortes wurde für die Ausstellung prächtig herausgeputzt. Der imposanteste Gebäudeteil ist wohl der vorgelagerte Kanonenrundturm, die Barbakane, welche 1530 errichtet wurde. Dieser funktionelle Wehrbau ist nach Albrecht Dürers Architektur- und Befestigungstheorien entstanden und einzigartig im Lande. In der original erhaltenen Folterkammer rinnen mir Schauer über den Rücken.

Gut zu erkennen sind auch der ehemalige Wassergraben, die Schlosskirche ist angeblich die einzige Kirche Österreichs ohne einen eigenen Altarraum. Diese Kirche ist gleichzeitig auch Pfarrkirche, während die gotische Kirche St. Anna im Felde südlich am Ortsrand meist nur mehr als Begräbniskirche dient.

Heinz Pold, der hier in der Nähe große Christbaumkulturen besitzt und auch Eigentümer der

Schloss Roggendorf mit der Barbakane im Vordergrund

Schlosstaverne ist, und seine Frau Christa gewähren mir ein Nachtquartier. Beim Abendessen in der Taverne erfahre ich noch einige interessante Hintergrundinformationen über den Ort. Dank seines gemäßigten Klimas wird Pöggstall gerne als „Meran des Waldviertels“ bezeichnet.

Nächsten Tag geht es nordwärts weiter. Es geht stetig leicht bergauf und bald bin ich in Roggenreith, wo ich einem weiteren Pionier des Waldviertels einen respektvollen Besuch abstatte. Johann Haider, ein Landwirt, machte sich schon früh Gedanken, wie er sein Getreide besser verwerten könnte und so kam er darauf, hier die 1. Österreichische Whisky-Destillerie zu errichten. Hut ab vor soviel Schöpfergeist und Kreativität und vor allem dem Mut zu diesem Wagnis! Ich kenne ihn schon lange und war schon oft als Reisebegleiter mit Bussen hier. Bei einer Führung durch die „Whisky-Erlebniswelt“ erfährt man viel über die Geheimnisse der Herstellung von „Hochgeistigem“. In Reih und Glied lagern die Holzfässer mit den Initialen J. H., und mit ihren beliebten Roggenwhiskys wurde der Vorzeigebetrieb zu einem Vorreiter internationaler Trends. Ich bin beeindruckt von seiner Firmenphilosophie. So ist es auch kein Wunder, dass wir uns über die landläufige Scheu über den Mut zum Risiko unterhalten. Hans zitiert einen Ausspruch eines weiteren Waldviertler Pioniers, nämlich des Bärenwirtes in Arbesbach: „Der Waldviertler traut sich nichts und fürchtet alles!“ Zum Glück trifft das nicht auf alle zu, wie es großartige Waldviertler Paradeunternehmer vorzeigen, wie eben Johann Haider, Hannes Gutmann oder Heini Staudinger, um nur einige davon zu nennen. Zum Abschluss bitte ich noch Johann Haider mit Gattin und Tochter Jasmine zu einem Foto vor der blitzblank kupfern schimmernden Destillerie.

Hans Haider, Schöpfer des Waldviertler Whiskys mit Gattin und Tochter

Ganz in der Nähe liegt das weithin bekannte Mohndorf Armschlag. Hier findet man nicht nur das weltgrößte Mohnbild, sondern auch den Mohnwirt Neuwiesinger, der seine zahlreichen Gäste immer wieder mit neuen Mohnspezialitäten überrascht. Das ganze Dorf liebt Mohn und im Mohnstadel vermarktet man alles über den Mohn, was sich über ihn vermarkten lässt. Während der Mohnblüte Ende Juni, Anfang Juli kutschiert ein Traktor mit Anhänger Schaulustige durch das weitläufige, prächtige Blütenmeer in weiß, rosa und lila. Zum Mohnkirtag im September sprengen tausende Besucher die Grenzen des kleinen Dorfes. Kein Wunder, ist doch der Bezirk Zwettl das größte Mohnanbaugebiet Österreichs, und der Zwettler Graumohn wurde unter dieser Bezeichnung bis 1936 an der Londoner Produktenbörse gehandelt. Ein paar Kilometer weiter, in Haiden, hat sich die Familie Gressl ebenfalls dem Mohnanbau verschrieben. In einem kleinen Museum erfährt man alles über den Mohn und seine vielfältigen Verwendungsmöglichkeiten. Köstliches Mohnöl wird hier kalt gepresst, das sich nicht nur bei Spitzenköchen im In- und Ausland großer Beliebtheit erfreut.

Doch ich ziehe von Roggenreith und seinem Whisky nordwärts weiter zum „Blauen Heiland“ nach Kirschschlag, einem weiteren Kuriosum im Waldviertel. Die Kirche hat einen interessanten Turm. Den romanischen, ursprünglich quadrati-

Der Marmor-Steinbruch bei Kottes

schen, hat man in der Gotik achteckig zugespitzt. Die Kirchentür ist zu, also gehe ich in das Gasthaus nebenan und frage, wo man den Schlüssel bekommt. Bei mir, entgegnet der Wirt wohlwollend, nicht ohne den zarten Hinweis mit dem Zaunpfahl, dass ich hier auch Mittagessen kann. Also esse ich zuerst und gehe dann in die Kirche. Auf dem linken Seitenaltar steht doch tatsächlich Jesus Christus mit einem bodenlangen, blitzblauen Messrock oder Kaftan bekleidet, unter dessen Saum die Zehen herausragen. Angeblich gibt es nur eine zweite Darstellung dieser Art in Spanien.

Nächste Station ist Kottes. Früher gab es hier den größten Viehmarkt der Umgebung. Der leicht abfällige Ausdruck „auf`n Kottaser Goasmorkt gehn" stammt wohl aus dieser Zeit. Die Kirche thront über dem Marktplatz, gegenüber steht eine hässliche Wohnhausanlage, die dort überhaupt nicht hinpasst. Der moderne Brunnen gefällt mir schon besser. Er ist aus den verschiedenen Steinarten zusammengesetzt, welche hier in der Gegend vorkommen. Meine Tagesetappe ist beendet, und ich beziehe mein Quartier im Gasthof Schrammel, wo man auch ein Bierbad nehmen kann. Hin und wieder trifft man eben einfallsreiche Wirte, die sich mit besonderen Attraktionen wohltuend erfrischend von ihren Kollegen abheben.

Als ich meine Wanderung am nächsten Tag fortsetze, komme ich an einem riesigen Steinbruch vorbei, in dem Wachauer Marmor abgebaut wird. Wiederum stellt sich mir die Frage, warum der Stein nicht nach dem Fundort, nämlich dem Waldviertel, benannt ist. Oder heißt diese Art Stein so, weil er auch in der Wachau vorkommt? Oder zählt sich der Ort Kottes gar schon zur Wachau und nicht zum Waldviertel? Da beißt sich aber die Katze eindeutig in den eigenen Schwanz, da ja das nördliche Donauufer sowieso zum Waldviertel gehört. Somit sind auch die Kremser, Spitzer und Weißenkirchner ebenfalls Waldviertler so wie ich! Dass musste einmal gesagt werden! Was hiermit geschehen ist! Basta!

Auf dem Weg nach Els ragt rechts das markante Profil der schönen Kirche von St. Johann über den Waldrücken. Sie begleitet mich lange, und es scheint fast so, als würde sie sich mir immer wieder zuwenden. In Els steht das kleine Schloss der Familie Gudenus. In unmittelbarer Nähe erlebe ich eine weitere Überraschung. Das Kaufhaus Rosenkranz betreibt gleichzeitig eine Buchhandlung und hat auch meine Waldviertel-Krimis im Sortiment, was mich natürlich sehr freut. Gleichzeitig ist Herr Rosenkranz auch der Bürgermeister der Großgemeinde Albrechtsberg, wo ich die kommende Nacht verbringen werde. Nach einer netten Plauderei mit der Chefin und Frau Steindl marschiere ich in das Kremstal hinunter, einem wahrhaftigen Zaubertal.

Das Kremstal gehört zweifelsohne zu den landschaftlichen Höhepunkten des Waldviertels. Eine Hinweistafel beschreibt alle markanten Sehenswürdigkeiten. Einen geologischen Lehrpfad gibt es hier, die Burgruine Hartenstein, die Gudenushöhle, die Eichmaierhöhle, die Teufelsrast, die Teufelskirche, den Zwickl, die Schusterlucke und, und und ... – ich bin quasi im Grand Canyon des Waldviertels angelangt! Nirgendwo im Waldviertel gibt es so viele Höhlen wie hier.

Eine Darstellung des Keltischen Baumkreises erklärt mir, dass ich eine Hainbuche bin, und das ist gut so! Der Weg biegt sich nach links, und ich stehe plötzlich vor der Burgruine Hartenstein über senkrecht abfallendem Fels. Die Chronik berichtet erstmals 1187 von einem Heinricus de Hertinsteine, welcher damals mit hoher Wahrscheinlichkeit die Burg errichtete. Einige Türme und der Bering zeugen davon, der historisierende Neubau stammt von 1927. Damals kaufte der Arzt Dr. Otto Pospischil die Ruine und baute eine Kaltwasserheilanstalt daran. Nunmehr ist sie Firmensitz der Firma Beko. Der Anblick des Burg-

felsens über der darunter fließenden Kleinen Krems ist einfach großartig.

Direkt im Burgfelsen versteckt sich einer der wichtigsten Fundorte über die Besiedlung Österreichs – die Gudenushöhle! Bereits im Jahre 1883 begann man hier mit den Ausgrabungen. Den gefundenen Steingeräten nach ist die Höhle mehrmals von den Menschen der Altsteinzeit aufgesucht worden. Mit den universell einsetzbaren Fäusteln und Handspitzen aus der Zeit von 100. 000 bis 70.000 Jahren gelten diese als die ältesten Funde Österreichs. Nach einer längeren unbesiedelten Periode, in der die Höhle den Höhlenbären oder Höhlenhyänen als Wurf- und Sterbeplatz dienten, stammen aus dem jüngsten Abschnitt der Altsteinzeit zahlreiche Klingengeräte aus Stein, die zu verschiedenen Werkzeugen umgearbeitet sind, wie Schaber, Faustkeile, Speerspitzen und Steinäxte. Auf einem knöchernen Nadelköcher fand man eine Ritzzeichung von einem Rentier im Regen. Dem Großteil dieser Artefakte hat man im Naturhistorische Museum in Wien eine eigene Vitrine gewidmet. Mystischer geht es nicht mehr.

Ich gehe in die Höhle, die sich in U-Form ca. 30 m lang durch den Berg zieht. Es ist für mich ein Erlebnis der besonderen Art, ich schließe die Augen, atme tief ein und versuche mich in die Zeit dieser allerersten Waldviertler hineinzuversetzen. Es sind in der Höhle keine Menschenknochen gefunden worden, daher ist anzunehmen, dass die Höhle nicht auch Wohnort war. Vielleicht ein Treffpunkt für rituelle Handlungen? Beeindruckend sind aber auch die Felswände im Inneren. Zerklüftet mit zackigen Vorsprüngen und architektonischen Verwerfungen in der Farbenvielfalt des Marmors und anderen Gesteins. Irgendein ein Blödmann namens Willi hat diese heilige Stätte entweiht und sich auf rötlichem Stein verewigt. Ich strebe dem Ausgang der Höhle

links: Die Burg Hartenstein hoch über dem Tal der Kleinen Krems

Die Gudenushöhle – eine berühmte prähistorische Ausgrabungsstätte. Mystischer geht es nicht mehr.

Dieser riesige Schädel irgendeines Rindviehs ist das Wahrzeichen des kleinen Museums vor Albrechtsberg.

zu und gehe über den hölzernen Steg zum Wanderweg. Ein Blick zurück zeigt eine hohe Felswand, waagrecht geschichtet mit verschiedenfarbigen Steinschichten. Das Tal ist eng, lässt nur Platz für den Fluss und den Weg. Links und rechts führen steile Hänge aus dem Tal hinaus. Faszinierende Steinformationen sind zu sehen, schwarzweiße Bänder im Fels, Luken, Klüfte und Türme. Das Wasser der Kleinen Krems bahnt sich seinen Weg durch Ablagerungen rund geschliffener Steine. Eine paradiesische Landschaft, voll an Geheimnissen, tut sich vor mir auf. Naturbelassen, unberührt, in sich ruhend, menschenleer. Nur eine Blindschleiche kreuzt kurzfristig meinen Weg.

Am Zwickl, dort wo die Kleine Krems in die Große Krems mündet, steht ein altes Elektrizitätswerk. Hier treffe ich zwei Ehepaare aus Krems, die es immer wieder hierher zieht in das landschaftliche Juwel. Ein allerletzter Blick zurück zeigt mir die Teufelskirche oben am Berg, und mit ein bisschen Fantasie sieht man den Turm und das Hochschiff einer Kirche. Eine mächtige Felsformation, wobei die untere Schicht weiß ist und die obere schwarz.

Knapp vor Albrechtsberg steht ein altes Haus an der Straße, ein Museum mit altem landwirtschaftlichen Gerät und Hausrat. Der Knochenschädel irgendeines Rindviehs, die mächtigen Hörner nach vorne gerichtet, drapiert malerisch den Holzzaun. Gleich daneben steht das alte Brauhaus in verblichenem Rosa und Weiß, dem man anmerkt, dass es einst bessere Zeiten gesehen hat. Nun aber führt mich ein steiler Weg aus dem Tal hinaus nach Albrechtsberg.

Das riesige, hoch aufragende Ensemble von Burg und Schlosskirche prägt das Ortsbild. Die Burg gehört zu den ältesten des Waldviertels, wurde zu Beginn des 12. Jahrhunderts errichtet

Die Burg Albrechtsberg mit der Schlosskirche

und immer wieder erweitert. Nun ist sie im Privatbesitz der Familie Tollmann. Die in den äußeren Burgbering integrierte Kirche ist auch die Pfarrkirche. Ich gehe in die Bäckerei, denn in dieser, so hab ich in Kottes gehört, gibt es die einzigen Fremdenzimmer des Ortes, und wieder erlebe ich ein weiteres lustiges Kapitel meiner Quartiersuche.

„Haben Sie ein Zimmer für mich frei?" fragte ich an.

„Wieso kummst denn erst jetzt, wo meine Frauen net do san?" lautet die Antwort.

„Wieso brauchen wir die?"

„Wegn dem Bett mochn, natürlich?"

„Kann ich selbst machen" entgegne ich und bleibe.

Er zeigt mir das Zimmer. Ich lasse meinen Rucksack da stehen, gehe hinunter in das kleine Kaffeehaus und genehmige mir eine gute Mehlspeise. Der Bäckermeister sitzt mit zwei anderen

Die prächtige Schlosskirche ist Mariä Himmelfahrt geweiht und besticht mit ihrer Ornamentik und Scheinarchitektur.

älteren Herren beim Kartenspiel, ich lausche den markanten Wortmeldungen der sehr intensiv geführten Kartenpartie und schmunzle in mich hinein. In einem kurzen Moment der Stille wage ich die Frage, ob man die Schlosskirche besichtigen kann. Die Antwort ist kurz und bündig. Nein, denn sie ist nur bei den Messen geöffnet. Ich mache noch einen Rundgang durch den Ort. Besuche Gerald Kaufmann, dessen Schwester in Weitra lebt. Wir wechseln ein paar Worte, er hat leider nicht viel Zeit für mich, macht mich aber aufmerksam auf ein schönes Tor gegenüber. Kurz darauf treffe ich zwei Damen, Mutter und Tochter. Wir kommen ins Gespräch und ich erlebe ein kleines Wunder.

„Schade, dass man nicht in die Kirche kann!" klage ich.

Daraufhin die Tochter zur Mutter: „Mama, hast du noch den Schlüssel für die Kirche?“

Sie hatte! Glücklich ziehe ich von dannen, durch ein Tor hinauf zur Kirche. Der Turm ragt hoch vor mir auf und ich trete ein. Goldene Pracht empfängt mich, zeigt auf den ersten Blick, dass es sich um keine normale Pfarrkirche, sondern eben eine herrschaftlich ausgestattete Schlosskirche handelt. Prächtig ausgemalt, die Kanzel, das Sakramentshäuschen und sämtliche Statuen vergoldet. Der Neubau, bei dem spätgotische Reste mitverwendet wurden, stammt aus den Jahren 1765/70. Die starke Einbindung der Kirche in den Burgbereich lässt einen Vorgängerbau des Hochmittelalters erahnen. In einem Gewölbe liegen hier 21 Mumien, die man aber nicht zu Gesicht bekommt.

Der bekannte Weinpfarrer Hans Denk wirkte in Albrechtsberg und Els über dreißig Jahre als Seelsorger. Für ihn war der Wein nicht nur ein Getränk, sondern ein Mysterium des Lebens. Als Genussmensch und Philosoph war er weit über die Grenzen Österreichs bekannt. Seine unglaubliche Sensorik, den Wein betreffend, war geradezu legendär. Kein Wunder also, dass er von Kennern als „Weinpapst“, oder die „Nase Gottes“ tituliert wurde. Bereits beim ersten Schluck konnte er zumeist Jahrgang und Lage, manchmal auch den Winzer bestimmen. Nun lebt er in einem Seniorenheim für Priester in St. Pölten.

Nächsten Tag gehe ich aufs Gemeindeamt. Herr Meierhofer, der Gemeindesekretär, erklärt mir lachend, dass ich gestern mit seiner Frau und seiner Schwiegermutter gesprochen habe. Er gibt mir noch einige Auskünfte über Albrechtsberg, und ich mache mich wieder auf den Weg.

Es ist mir nicht bewusst, ob solche Begegnungen wirklich nur Zufall sind oder vielleicht doch ein Nebenprodukt meiner optimistischen Gesinnung, dass ich immer wieder die richtigen Leute zur richtigen Zeit treffe. Dieser glückliche Umstand ist mir auf meiner Waldviertelwanderung öfters aufgefallen und hat mir eine Menge an Daten und Fakten gebracht, die in keinem Reiseführer zu finden sind.

Der zehnte und letzte Tag meiner Tour durch den Frühling ist angebrochen. Nunmehr führt der Weg durch das Tal der Großen Krems bis nach Großreinprechts. Ich komme bei einigen aufgelassenen Mühlen vorbei, vor einem Haus hat man ein Mühlrad aufgebaut als Relikt längst vergangener Zeiten. Neben einem Waldweg entdecke ich eine seltsame Gruppe. Irgendein Spaßvogel hat dort bemalte Holzfiguren mit lustigen Gesichtern aufgestellt. Eine davon trägt eindeutig die Züge eines Hasen mit grünen Augen und zwei kräftigen Zähnen, die über die Unterlippe reichen. Kurz darauf komme ich an einem einsamen Haus vorbei, wo bei in einem kleinen Teich eine illustre Schar an verschiedenen Gänsen und Enten zum Wasser drängt. Eine Reihe alter Weiden umsäumen den Bach, und ihre frühlingshaften Blätter passen sich

Die Wallfahrstkirche Grainbrunn

der gelb gesprenkelten Löwenzahnwiese perfekt an. Der Weg führt mich auf eine offene Hochfläche, über der ein Geschwader weißer Wolken dahinsegelt. In Grainbrunn gibt es eine kleine Wallfahrtskirche mit einem Bründl mit heilkräftigem Wasser daneben. Über Rappoltschlag und Königsbach komme ich zur Aubergwarte. Seltsame Gebilde empfangen mich dort. Urzeitliche Saurier aus Metall und Holz zeigen vom Einfallsreichtum der Künstler. Auf einer grünen Schautafel lacht mir Johannes Guttmann mit seiner typischen Nickelbrille entgegen. Er ist der Gründer der Firma Sonnentor, die unter dem Label der lachenden Sonne Bio-Produkte vermarktet. Ihn werde ich später in Sprögnitz treffen.

Ich steige den hohen Aussichtsturm empor, ein gut gelungenes Beispiel an Holzarchitektur. Der Blick von oben auf das grün und braun gebuckelte Land mit den eben erst frisch bestellten Feldern ist spektakulär. Entlang des Kräuter-Lehrpfades komme ich nach Sprögnitz. Ein hoher

Der phantastische Ausblick von der Aubergwarte geht weit übers Land.

Maibaum steht am Dorfanger, mittig auf die Kapelle dahinter ausgerichtet, da war man wohl auf Symmetrie bedacht. Vor einem Bauernhaus hängt Wäsche an der Leine, und an einem Pfahl entdecke ich eine Wildkamera. Sollte diese vielleicht etwaige Wäschediebe abschrecken? Irgendwie erscheint sie fehl am Platz in der friedvollen Atmosphäre des Dorfes.

Als ich die Dorfstraße hinunterblicke, kommt mir plötzlich Johannes Gutmann entgegen. Er schiebt den Kinderwagen mit den Zwillingen Valentin und Severin. Ich grüße ihn von weitem. Er bleibt stehen, schaut auf, erkennt mich und reißt den Arm in die Höhe „Servus Ernest!". Für ein Gespräch hat er leider keine Zeit, so meint er, er müsse die beiden Buben nach Hause bringen. Zum Glück kenne ich seine Lebensgeschichte von A bis Z und weiß genau, welch kraftvolle und ideenreiche Persönlichkeit er ist. Aus dem Nichts hat er einen Musterbetrieb aus dem Boden ge-

Die Aubergwarte

stampft, der mittlerweile internationale Geltung hat. Die Firma Sonnentor erzeugt Teesorten, Gewürzmischungen und allerlei Ähnliches mehr. Man öffnet die Tür und dringt in eine andere Welt ein. Es duftet nach Kräutern wie auf einer Blumenwiese nach erfrischendem Regen. Wie in einem alten Kaufmannsladen liegt einem das ganze Sortiment an gesunden Köstlichkeiten zu Füßen, alles aus streng kontrolliertem biologischen Anbau. Tee, Kaffee, Gewürze aus aller Welt, Gewürzmischungen in allen Geschmacksrichtungen, und ein kleines Kaffeehaus ist auch noch zu finden. Man kann eine Führung durch den Betrieb buchen, und die Hallen tragen lauter lustige Namen wie „Halle-luja" oder auch „Drunter & Drüber". Hundert Meter unterhalb des Betriebes ist das neugeschaffene Restaurant zu finden, und auch dieses hat einen lustigen Namen, nämlich „Leibspeis".

Nun ist es nicht mehr weit bis Zwettl, dem Endpunkt meiner Frühjahrstour. Ich komme bei den großen Hallen der Firma Waldland vorbei, die hier viele Produkte aus dem Waldviertel vermarktet. Ein Transparent erklärt mir z. B., dass „Waldland der Vielfalter" im Waldviertel ist und regionale Rohstoffe für innovative Produkte verarbeitet. Neuerdings züchtet man hier auch Welse. Rundherum blüht der Raps und hüllt die Landschaft in Gelb und Grün. Gleich darauf stoße ich auf den Schönauer Teich, dessen Schilfgürtel immer weiter vordringt. Der etwas größere Rudmannser Teich liegt gleich daneben, beide wurden um 1545 im Auftrag des Stiftes Zwettl für die Fischzucht angelegt. Denn Fisch galt bei den Mönchen als zulässige Fastenspeise und da man das Angebot erweitern wollte, deklarierte man einfachheitshalber alles, was im Wasser kreucht und fleucht als Fisch. So durften die findigen Mönche auch Enten, Gänse, Schwäne und Biber verspeisen. Links am Horizont taucht ein gelbes Gebäude mit Turm auf, der Ratschenhof. Dort will ich hin. Es ist ein ehemaliger Wirtschaftshof

Landschaftsidyll in Gelb und Grün

des Stiftes Zwettl, erstmals 1139 in der Gründungsurkunde erwähnt. Gegen Ende des 13. Jahrhunderts beherbergte er 2000 Schafe, 1000 Schweine, 60 Kühe, 40 Ochsen und zahlreiches anderes Vieh. Auch zwei Fischteiche gab es hier. Zeitweise war der Hof auch ein beliebter Erholungsort der Zisterzienser aus Zwettl. 1786, nach Aufhebung der Robotverpflichtungen, konnten Bauern aus der Umgebung einzelne Wirtschaftsgebäude kaufen, weitere siedelten sich an, und so entstand aus dem Gutshof ein Dorf. Im Obergeschoss befindet sich eine spätgotische Kapelle, die den Heiligen Philipp und Jakob geweiht ist. Noch heute zeugen ein Tor und Mauerreste von der vormals befestigten Anlage.

Der Ratschenhof war einst Wirtschaftshof des Stiftes Zwettl.

Am späten Nachmittag erreiche ich nach einem Gewaltmarsch die alte Probsteikirche oberhalb Zwettls. Sie ist Teil eines ehemaligen Kollegialstiftes und war zu Beginn des 12. Jahrhunderts die erste Pfarrkirche von Zwettl. An der Rundapsis sind die romanischen Steinquader gut zu erkennen. Die Michaelskapelle an der Südostecke der Kirche war vermutlich durch einen Gang mit der Kirche verbunden. Im Ostteil des Friedhofes ist ein spätromanischer Karner und im 18. Jahrhundert barockisierter Rundbau mit Halbkreisapsis zu sehen, welcher 1383 erstmals urkundlich erwähnt wurde. Ein sogenannter Kasten, ein Saalbau aus der zweiten Hälfte des 13. Jahrhunderts und das ehemalige Probsteigebäude gehören ebenfalls zu der Anlage hoch über der Stadt Zwettl. Auch die ursprüngliche Burg lag in diesem Bereich des Probsteiberges, wurde je-

doch 1230 durch die Babenberger unter der Herrschaft Friedrichs des Streitbaren zerstört. Unweit der Kirche endet der am Fuße des Probsteiberges beginnende Kreuzweg mit einer barocken Kreuzigungsgruppe aus Sandstein. Von dort aus genießt man einen großartigen Blick auf die Stadt.

Ich steige die Stufen des Kreuzweges hinab und mache mich auf den Weg zum Busbahnhof. Meine Frau wartet dort schon auf mich und bringt mich heim. Nun habe ich auch den zweiten Abschnitt meiner Waldviertelwanderung beendet, und im Sommer soll es von Zwettl aus wieder weiter gehen!

Die romanische Probsteikirche hoch über der Stadt Zwettl

Sommer

10 Tage

Zwettl
Stausee Ottenstein
Wegscheid
St. Leonhard
Gföhl
Langenlois
Gars
Stift Altenburg
Burg Grub
Horn

Landstraße
EINBAHN

Sommer

Es ist der 17. Juli, und meine Frau bringt mich zeitig in der Früh nach Zwettl. Meine Sommertour startet hier. Anscheinend bin ich der einzige Frühaufsteher, denn weit und breit ist keine Menschenseele zu sehen. Vom Hundertwasserbrunnen in seiner genialen Unregelmäßigkeit plätschert das Wasser von der oberen Schale in das darunter liegende Becken. Der doppelköpfige Adler an der Spitze des ehemaligen Rathausturmes scheint an den Schäfchenwolken darüber kratzen zu wollen. Das Wetter ist schön, alles ist angerichtet für einen perfekten Beginn meiner Sommertour, zehn Tage soll sie dauern und mich kreuz und quer durch das Waldviertel bis nach Horn führen.

Ich komme im Stadtteil Oberhof, der eigentlich ganz unten liegt, an einem Bauernhof vorbei, der seltsamerweise Regenwürmer züchtet, welche wiederum ihrerseits Humus produzieren. Gleich darauf folgt der Bogenschießplatz. Dann geht es unter der neuen Umfahrungsstraße in den Wald hinein. Von weitem schon höre ich den Kamp rauschen. Sein Name stammt aus dem slawischen und bedeutet „der Krumme". Das laute Geräusch kommt von einem Wehr, welche die Wassergischt weiß aufspritzen lässt. Alte Weiden säumen den Fluss und geben kurz den Blick auf die Neumühle frei. Der schönbrunnergelb gefärbelte Putz bröckelt ab, drei Schornsteine ragen ungenutzt und hilflos in die Höhe. Ein Schild an der Brücke gibt Auskunft, dass die Mühle vom Stift Zwettl gebaut wurde. Der Weg führt auf einem schmalen Pfad neben dem Fluss zum Stift. Der granitene Turm der Stiftskirche ist weithin sichtbar. Er ist ein wahres Meisterwerk, neunzig Meter hoch aus Granitquadern, geschaffen von Joseph Munggenast, zeigt er an der Vorderseite die beiden Stifter, Hadmar I. und Hadmar II. Die linke Seitentüre ist offen, eine Frühmesse wird gefeiert, eine Handvoll Gläubige sitzt im prächtig geschnitzten Chorgestühl. Ein Pater mit grüner Stola über dem weißen Messgewand liest die Messe. Der prächtige Hochaltar zeigt eine stilisierte grüne Eiche gemäß der Gründungslegende. Diese sagt uns, dass 1137 zwölf Zisterzienser aus Heiligenkreuz in den rauen Nordwald kamen um hier die Besiedlung voranzutreiben. In der Silvesternacht ist Hadmar I. und Hermann, dem ersten Abt, die Muttergottes im Traum erschienen, mit dem Auftrag im tiefsten Winter nach einer grünenden Eiche zu suchen. Genau an dieser Stelle

links: Der Hundertwasserbrunnen von Zwettl ist ein beliebter Treffpunkt für Jung und Alt.

Joseph Munggenast schuf den unvergleichlichen Turm der Stiftskirche aus unverputzten Granitquadern.

sollten sie den Altar aufbauen und rundherum eine Kirche errichten. Diese Gründungskirche war zuallererst aus Holz. Doch bereits 1159 konnte man die erste steinerne Kirche weihen. Die Stiftskirche ist kunsthistorisch sehr interessant, da man bei dem Bau neue Wege eingeschlagen hatte. Man verschmolz die französische Bauweise eines Chorumgangs einschließlich Kapellenkranz mit der aus Deutschland kommenden Idee einer dreischiffigen Hallenkirche.

Das riesige Stift selbst mit einer Ansammlung zahlreicher Wirtschaftsgebäude birgt unschätzbare Kostbarkeiten. Der absolute Höhepunkt ist wohl der Kreuzgang mit seiner sechseckigen Brunnenstube. Weiters das Dormitorium, der Schlafraum der Mönche, dessen Gewölbe von einem einzigen wuchtigen Pfeiler gestützt wird. Aber auch der Kapitelsaal, die Bibliothek und die schönen Stiftshöfe sind sehenswert. Nicht zu vergessen das Necessarium, die wohl älteste erhaltene Latrine Mitteleuropas. Man saß hoch über dem darunter fließenden Kamp, der all die von sich gegebenen Kostbarkeiten entsorgte!

Nach der Messe gehe ich weiter, komme über eine schöne Steinbrücke auf die Straße hinauf nach Edelhof. Seit über 125 Jahren existiert diese große Landwirtschaftliche Fachschule, die ihren großen Bekanntheitsgrad in erster Linie Adi Kastner verdankt. Dieser hat als Waldviertel-Beauftragter dem Viertel eine neue Identität gegeben, zahlreiche Initiativen in die Welt gesetzt und den Waldviertlern Mut, Hoffnung und Tatendrang vorgepredigt. In seiner aktiven Zeit wurde er oftmals gewürdigt und ausgezeichnet, nach der Pensionierung von der hohen Politik aber schmählich fallen gelassen wie eine heiße Kartoffel. Nichtsdestotrotz wissen wir Waldviertler genau, was wir Adi Kastner zu verdanken haben. Jetzt sitzt er da oben irgendwo im Himmel und braucht sich nicht zu fürchten, irgendeinen Politiker jemals wieder treffen zu müssen! Ich besuche Josef Maierhofer, der viele Jahre Kastners Assistent war und jetzt sein Nachfolger ist. Zum Abschied schenkt er mir das Buch zum 125-jährigen Jubiläum der Schule.

Als ich auf der Landstraße Richtung Mitterreith gehe, fliegt ein riesiger Schwarm Stare über mich hinweg. Goldgelbe Kornfelder ziehen sich bis zum Waldrand, das Land strahlt so eine friedvolle Stimmung aus, dass man am liebsten verweilen möchte. Doch mein Tagespensum ist noch nicht vollendet. Knapp vor Friedersbach erlebe ich ein weiteres Paradebeispiel Waldviertler Landschaftsarchitektur. Schmale Getreidefelder bilden ein paralleles Streifenmuster, sanft gewellt den Hang auf- und absteigend, immer wieder unterbrochen vom schmalen Grün der Feldraine. Auf der Kuppe dahinter ein kleiner Wald, darüber dahinziehende Wolkenfelder in sattem Blauweiß, das Streifenmuster der Felder widerspiegelnd. Unwillkürlich kommt mir die Smaragdtafel des Hermes Trismestigos in den Sinn, wo da steht:

Frühmesse in der Stiftskirche

„Das was unten ist, ist wie das was oben ist, und das was oben ist, ist das was unten ist, ein ewig dauerndes Wunder des Einen".

Ich bin wieder einmal überwältigt von der Fülle an Kleinlandschaften, die den ganz besonderen, ja sogar einmaligen Reiz der Waldviertler Landschaft ausmachen. Das ist für mich das wahre Glück am Rande, nicht so spektakulär wie hohe Berggipfel und sprühende Wasserfälle, sondern eine in sich ruhende, ihrem hohen Alter gemäße Landschaft, welche dem Auge schmeichelt und all unsere Sinne wach werden lässt.

Der gotische Karner der Burgkirche Friedersbach

In Friedersbach hat jemand kürzlich Geburtstag gefeiert, und die Gäste haben ihm einen Sauschädel an die Tür genagelt, ein merkwürdiges Zeichen dafür, dass er noch Junggeselle ist. Fliegen kriechen darauf herum und in der Sommerhitze strömt ein unangenehmer Geruch in meine Nase. Auf so ein Geburtstagsgeschenk könnte ich verzichten! Am Berg oben steht die romanische Wehrkirche mit vier kostbaren Glasfenstern. Die dreischiffige Basilika ist dem Hl. Lorenz geweiht und wurde 1159 erstmals urkundlich erwähnt. Gemeinsam mit dem Pfarrhof, dem Friedhof und dem gotischen Karner ist sie von einer wehrhaften Mauer umgeben.

Schlag auf Schlag geht es weiter. Die Burg Rastenberg baut sich vor mir in prächtiger Höhenlage auf einem steilen Felskegel auf. Sie ist im Besitz der Familie Thurn-Valsassina und ein großartiges Beispiel spätmittelalterlicher Baukunst. Vom Tal unten sieht sie mit ihrer mächtigen Breitseite noch imposanter aus. Vorne der Palas, nach dem wuchtigen Bergfried der neuere Teil der Burg. In der Burgmühle unten im Tal betreibt ein Bildhauer sein Atelier in der Abgeschiedenheit des Tales.

Unterhalb des Burgfelsens überquere ich die Straße und biege neben dem Purzelkamp in einen Waldweg ein. Die Trockenheit hat sichtbare Spuren hinterlassen, begraste Sandbänke schieben sich zungenartig in den Wasserlauf, dem gut und gerne ein Meter Wasser fehlt. Gegenüber baut sich senkrecht eine Felsenwand auf, die gerne von Kletterern bestiegen wird. Nach der nächsten Flussbiegung überrasche ich eine Familie mit zwei Mädchen, die mit ihrem Boot hierher gekommen sind. Das kleinere der beiden Mädchen

Stolz und mächtig – die Burg Rastenberg

ist nackt, von oben bis unten mit Schlamm beschmiert. Ich bitte sie höflich um Fotografiererlaubnis. Sie stellt sich in Position wie ein Model, ihre Schwester lächelt darüber, die Mutter aber wendet sich mit scheinbarem Grausen ab!

Nun beginnt der Staubereich, und der Fluss wird zunehmend breiter, mit einem Male liegt der Stausee vor mir. In einer Marina dümpeln Boote vertäut am Ufer, ein Fischer kehrt an seinen Ankerplatz zurück. Das Ufer ist gesäumt von großen Felsen, welche aus dem Wasser ragen. Der Wanderweg zieht sich endlos am Ufer entlang, da er sämtliche Buchten rundherum führt. Endlich sehe ich die Ruine Lichtenfels auf ihrer Halbinsel im Stausee. Thurso von Lichtenfels war ein streitbarer Recke, der auch mit den Kuenringern in Weitra stets Zwist hatte. Die Burg wechselte ständig ihre Besitzer, unter dem Freiherrn von Bartenstein begann der langsame Verfall der Burganlage.

Die Burgruine Lichtenfels liegt malerisch auf einer Halbinsel im Stausee Ottenstein.

1790 wurden Teile des Daches dem Stift Zwettl verkauft, 1804 die letzte Wohnung aufgelassen. Seit der Aufstauung des Kamps liegt die Ruine nun malerisch im See. Bei dem Landesteg gegenüber wartet Christine auf mich, sie wohnt in Peigarten und hat mich zum Nachtmahl eingeladen. Anschließend beziehe ich mein Quartier in einer Pizzeria, die von einer türkischen Familie geführt wird.

Es ist ein herrlicher Sommermorgen, an dem ich aufbreche. Auf der Straße zum Kamp hinunter passiere ich das Kraftwerk der EVN und die mächtige Staumauer, wohl an die sechzig Meter hoch, überquere die Brücke und fädele mich am linken Ufer in den Kamptalstauseenweg ein. Das Schloss Ottenstein grüßt vom Berg herunter. Der Kamp fließt träge dahin, die Buchenwälder drängen bis zum Wasser, und der Blick, der sich mir

*oben: Die Burg Ottenstein
grüßt vom Berg herunter.
unten: Das Schloss Waldreichs liegt versteckt
in der Waldeinsamkeit.*

hier auftut, ist im wahrsten Sinne des Wortes überwältigend. Solche unverfälschte Flusslandschaften kenne ich eigentlich nur aus Neuseeland, das ich 1993 bereiste. Doch die Freude ist nur von kurzer Dauer, denn gleich geht es steil den Wald hinauf zum Schloss Waldreichs. Vor dem Schloss steht eine Pfadfindergruppe im Gehölz und lauscht ihrem Häuptling.

Zu meiner Schande muss ich gestehen, dass ich noch nie zuvor hier war. Das verborgen gelegene Schloss wurde im 16. Jahrhundert gebaut und beherbergt im Inneren eine Informationsschau zu den Themen „Wald- und Forstwirtschaft". In den Sommermonaten gibt es hier auch eine sehenswerte Greifvogelvorführung. Im Schanigarten des Schlossrestaurants treffe ich den Kameramann des ORF, der 2015 unser Nachtwächtertreffen in Weitra bildlich festhielt.

Doch ich muss weiter. Gleich nach dem Schloss sollte der Kamptalweg eigentlich nach rechts in den Wald einbiegen. Wieder lasse ich mich von einem Verbotsschild abhalten und ziehe den Weg über die Landstraße vor. Im Stronesteich gleitet ein Schwanenpaar mit einem Jungen auf dem Wasser, ein friedvolles Bild an einem perfektem Tag. Ein Stück weiter biegt ein Weg nach rechts ein. Ein

Blick auf die Karte genügt, und ich nehme ihn in der Gewissheit, dass auch dieser Weg mich zur Ruine Dobra führt. Ich komme nach Reichhalms, von dort sind es nur mehr ein paar hundert Meter. Die Größe der Ruine ist beeindruckend. Sie liegt auf einer schmalen Halbinsel im fjordartigen Dobra-Stausee und stammt aus dem späten 12. Jahrhundert. Der Vischer-Stich von 1672 zeigt sie noch als intakte Burg. Ich setze meinen Rucksack ab, betrete die kleine Vorburg mit Torturm und Zugbrückentor und schreite ehrfurchtsvoll die ausgedehnte Ruinenlandschaft ab. Eine Brücke führt über den Halsgraben durch ein Tor. Links und rechts ragen die hohen Mauern des Palas empor, schön langsam formt sich in meinem Gehirn ein Bild der riesigen Burg, wie sie einmal ausgesehen hat. Der mächtige, fünfeckige Bergfried am Südende der Ruine ragt vor mir himmelhoch auf, und ein Blick durch ein Mauerloch eröffnet mir die Sicht auf den See. Zwei abgestorbene Bäume recken ihre grauen Stämme empor, ein kleines Zeltlager ist auf der Spitze der Halbinsel zu sehen, und weiter rechts rückt der große Campingplatz ins Bild, auf dem reges Leben herrscht. Die Ruine ist seit 1958 im Besitz der „Winhag´schen Stipendienstiftung" und zur Zeit vom Verein „Pölla Aktiv" gepachtet, der sich um die Erhaltung kümmert und Jahr für Jahr in der malerischen Anlage Konzerte und andere Veranstaltungen organisiert.

links: Romantik in höchster Vollendung – der Kamp unterhalb der Staustufe ist ein Sinnbild für die Gelassenheit der Waldviertler Landschaft.

Selbst als Ruine ist die ehemalige Burg Dobra noch außergewöhnlich genug.

Wussten Sie eigentlich, dass unser Waldviertel die höchste Burgendichte Österreichs hat? Dreihundert Burgen, Burgruinen und Schlösser gibt es hier, mehr als im viel besungenen Rheintal. Das Kamptal war Teil eines Verteidigungsringes von West nach Ost. Und so ist es kein Wunder, dass sich hier Burgen, Ruinen und Schlösser auffädeln wie Perlen auf einer Kette. Arbesbach, Rapottenstein, Rastenberg, Lichtenfels, Ottenstein, Waldreichs, Dobra, Wetzlas, Schmerbach,

Blick in den Innenhof der Burg Krumau, hierher verbannte der Böhmenkönig Ottokar Przemysl 1216 seine von ihm geschiedene Gattin Margarete von Österreich.

Schwarzenberg, Schwarzenöd, Krumau, Schauenstein, Steinegg, Tursenstein und am Knick, dort wo der Kamp nach Süden abbiegt, steht zum Abschluss die prächtige Rosenburg auf hohem Fels über dem tiefen Tal.

Nicht weit weg von Dobra liegt das Schloss Wetzlas, welches nun als Kinderschloss geführt wird. Ich gehe in den Hof, es ist Mittagszeit und Kindergeschrei tönt mir entgegen. Eine breite Rampe führt zum Mittelteil des Schlosses, der bereits restauriert wurde. Der Rest der weitläufigen Schlossanlage wartet noch auf eine Geldspritze. Ich halte mich nicht länger auf und ziehe weiter. Nach Schmerbach stoße ich auf einer Waldlichtung auf eine Jugendgruppe. Der Handballverein von Langenlois hat eine Wanderung organisiert, und die Kinder sitzen im Gras und knüpfen aus blauen Schnüren ein Volleyballnetz.

Nun geht es auf einem lehmigen, rutschigen Pfad zum Kamp hinunter. Zwei Möglichkeiten stehen mir offen – entweder durch eine Furt ans andere Ufer waten, oder über eine eiserne Leiter mit Seilsicherung den Felsen hinauf, auf dem die rotweißrote Markierung des Wanderweg 620 zu sehen ist. Ich bin zwar nicht wasserscheu, ziehe aber den Weg über die Leiter vor. Rechts liegt das Kraftwerk, ich gehe unter einer Hochspannungsleitung durch und stehe vor der Burg Krumau.

Das Tor im mächtigen Torturm ist offen und der Burgherr höchstpersönlich am Werk, den Rasen im Burghof zu mähen. Ich frage Herrn Jonke, ob ich ein paar Fotos machen darf. Voller Stolz zeigt er mir, was er bereits alles in die Erhaltung der Burg investiert hat. So wurde der Palas vorbildlich renoviert, die Dächer wurden neu gedeckt und die Wehrgänge tadellos instandgesetzt. Es gehört nicht nur Geld, sondern auch eine gehörige Portion Idealismus dazu, ein Schloss zu kaufen und es auf Glanz zu bringen. Natürlich hat auch diese Burg eine interessante Geschichte. Nach ihrer Trennung vom Böhmenkönig Ottokar im Jahre 1261 zog sich Margarete von Österreich gezwungenermaßen hierher zurück.

Der Ort selbst brütet in der Mittagshitze dumpf vor sich hin. Weit und breit ist niemand zu sehen, doch in einem aufgelassenen Gasthaus bekomme ich doch noch etwas zu trinken. Der steile Hang dahinter wurde vor kurzem erst abgeholzt, da auch hier der Borkenkäfer gewütet hatte. Der Kamp fließt in Erwartung der nächsten Talsperre träge dahin, die Burg mit dem Burgfelsen spiegelt sich darin. Mein Weg führt mich am linken Ufer dem Stausee Thurnberg entlang. Auch hier, im Schatten des Uferwaldes, ist es drückend heiß, riesengroße Bremsen reißen blutige Löcher in meine Haut und ganze Schwärme von zwar kleinen, aber ausgesprochen lästigen schwarzen Fliegen bemächtigen sich meiner, dringen kühn in die Nasenlöcher und Ohren ein, ich komme mit dem Wegschlagen nicht zu Rande. Gegenüber am rechten Flussufer stehen eine Reihe von Wochenendhäusern, Boote liegen vertäut im Wasser, und Badegäste bevölkern die Wiesen. Die Sperre Thurnberg ist keine hohe Staumauer, sondern ein Erddamm. Kurz vor Wegscheid treffe ich ein junges Paar, sie wohnen im Wegscheider Hof. Ich quartiere mich dort ebenfalls ein, und beim Nachtmahl sitzen wir lange im Gastgarten beisammen. Der Gastwirt klagt, dass die Zeit der sogenannten Sommerfrische, wo die Gäste wochenlang hier wohnten, lange vorbei sei, und es immer schwerer wird, das große Haus wirtschaftlich zu führen.

Am nächsten Morgen verlasse ich das schöne Kamptal und marschiere weiter nach St. Leonhard. Die Landschaft sieht aus, als ob man sie frisch aufgeräumt hätte. Die Sonnenblumen strecken ihre Köpfe ordnungsgemäß der Sonne zu.

In St. Leonhard steht die längste Holzleiter der Welt!

Die schmalen Getreidefelder, die sich den Hang hinaufziehen, sind abgeerntet, die Wiesenstreifen dazwischen abgemäht, alles ist perfekt angerichtet für den nahenden Herbst. Der Ort selbst liegt am Hügel oben, die Häuser scharen sich um die alte Wallfahrtskirche. 2005 hatten die ehrgeizigen St. Leonharder die glorreiche Idee, mit einer Weltrekordleiter in das Guiness-Buch der Rekorde zu kommen. Man hat sie der Länge nach neben der Straße auf Holzpfeilern aufgebaut und mit einem Schindeldach bedeckt. Auf einem Schild steht zu lesen, dass sie 48,5 m lang und damit eben die längste Holzleiter der Welt ist. Im Ort setze ich mich auf eine Bank und esse meine Jause. Eine wunderschöne Frau in einem wunderschönen Cabrio bleibt plötzlich stehen und fragt mich, ob ich nach Gars will. Ich verneine, ich muss hinunter nach Gföhl. Sie fährt weiter. Als ich aufstehe, sehe ich ein Schild mit der Aufschrift „Mitfahrbankerl". Jetzt erst verstehe ich, warum die Dame wissen wollte, wohin ich will. Dieselbe Art von Bank steht auch in Gars, und ich halte das für eine sinnvolle Einrichtung, wenn man weiß, dass sehr viele Autofahrer großteils alleine unterwegs sind.

Etwas außerhalb liegt das Gasthaus Staar, und das sollte man sich nicht entgehen lassen. Ich bin zum dritten Mal hier und immer von neuem entzückt. Vor zwei Jahren durfte ich hier aus meinem Waldviertel-Krimi „Speck Schnaps Mord" lesen. Das Gasthaus ist zu einer Kultstätte geworden, vom Generaldirektor bis zum einfachen Bauern trifft man sich hier bei der Resi, der Wirtin. Es ist es eine dörfliche Stätte der Begegnung, wie man sie heute selten findet. Die alte Einrichtung besteht noch immer, einfache Tische und Bänke, die alte Schank, der abgetretene Holzfußboden. Die Atmosphäre ist einzigartig, gediegen, gemütlich, einladend. Eine Handvoll Männer bevölkert den Stammtisch, einer davon kennt mich, war Ausstellungsleiter 1994 bei der Landesausstellung in Weitra. Er will wissen, was sich so alles tut bei uns, und ich gebe bereitwillig Auskunft. Ein alter Bauer mit wettergegerbtem Gesicht interessiert sich für meine Wanderung. In dem großen Saal daneben wird noch immer Theater gespielt, aber auch zahlreiche andere Veranstaltungen finden hier statt. Der Innenhof des weitläufigen Gebäudes birgt eine weitere Attraktion. Dort hat man das Portal einer ehemaligen Greißlerei aufgebaut. Karl Heichinger steht über der Auslage, in der noch alte Dosen, Schachteln und Werbetafeln ausgestellt sind.

Einer Legende nach geht dann und wann in der Gegend um St. Leonhard ein kleiner, bärtiger Mann in altmodischer Kleidung um, der nach der Uhrzeit fragt und sich nach dem Befinden von Menschen erkundigt, die schon lange tot sind. Es soll sich dabei um den Geist von Dr. Wilbald Helbich handeln, der sich im 19. Jahrhundert in Wolfshoferamt als Arzt niedergelassen und mit Okkultismus beschäftigt hat. In der Nacht zum 22. Dezember 1878, also der ersten Raunacht, verschwand er auf unerklärliche Weise, ohne irgendeine Spur zu hinterlassen. Trotz vieler Nachforschungen konnte das Rätsel um den Landarzt nicht gelöst werden, und so ranken sich noch heute Gerüchte und Legenden um sein Verschwinden. Eine Figur mehr, welche der mystischen Sagen- und Legendenwelt entspringt, die im Waldviertel prall voll ist mit Geistern, Teufeln, Hexen, Moorweibln, Fuchtelmännern und zu Stein gewordenen geizigen Menschen.

Gemütlichkeit in Reinkultur – das Gasthaus Staar

Mein Weg führt mich weiter auf der „Ämter-Tour", von einem Amt zum andern. So nennen sich die Dörfer hier. Untertautendorferamt. Obertautendorferamt. Mottingeramt. Schiltingeramt. Eisenbergeramt. Gföhleramt. Lauter Streusiedlungen mit nur einer Handvoll Häuser und viel Gegend dazwischen. Das Land ist sanft gewellt, die großen Getreidefelder leuchten golden in der späten Nachmittagssonne. Am Waldrand steht eine Florianikapelle, darüber türmen sich plötzlich schwarze Gewitterwolken auf, es riecht förmlich nach Regen. Deshalb beeile ich mich, nach Gföhl zu kommen, wo der Wieselbus auf mich wartet. Wie es so sein will, fährt dieser nicht über Weitra nach Gmünd, sondern über Kirchberg am Walde. So also holt mich meine Monika am Abend vom Busbahnhof in Gmünd ab.

Ein paar Tage später wiederholt sich dasselbe Szenario in der umgekehrten Richtung. Auto nach Gmünd, Wieselbus von Gmünd nach Gföhl zurück zum Start. Ein paar Fotos von der Kirche und dem Brunnen am Marktplatz, und dann geht es weiter in das benachbarte Gut Jaidhof. Dieses wurde im 19. Jahrhundert zu einem klassizistischen dreiflügeligen Schloss umgebaut, mit einem großen Ehrenhof in der Mitte. Seit einigen Jahren dient es der von Kardinal Lefebvre begründeten Priesterbruderschaft Pius X. als Bildungshaus und dem Gföhler Kultursommer als repräsentativer Veranstaltungsort. Ein Park mit herrlichem altem Baumbestand und eine Anzahl von Wirtschaftsgebäuden im sogenannten Heimatstil ergänzen die großartige Anlage.

links: Das klassizistische Schloss Jaidhof

Ein kurzer Abstecher bringt mich zum in romantischer Abgeschiedenheit liegenden Forellenhof. Dort hat ein Wachauer Weinbauer vor Jahren einen Pfahlbau im grünen Wasser eines Fischteiches errichtet. Fantasievoll begabt, stelle ich mir vor, ich wäre irgendwo in Vietnam oder auf den Philippinen. So früh am Morgen ist das Restaurant noch zu, und so wandere ich weiter auf einer Sandstraße im Tal des Loisbaches nach Kronsegg. Dort überrascht mich eine mächtige Burgruine, die in den Wirren des Dreißigjährigen Krieges von den Schweden und Böhmen zerstört wurde. Vor Schiltern säumen die ersten Weingärten meinen Weg. Durch eine schöne Kellergasse komme ich in den Ort. Die Arche Noah steht auf dem Programm, doch leider ist am Montag Ruhetag. Gegenüber im Schloss gibt es ein Kaffeehaus, ich habe Durst. Im Gastgarten entdecke ich bekannte Gesichter. Siegi Mörzinger, Inhaber der letzten Papiermühle Mitteleuropas in Bad Großpertholz, mit Frau und Verwandtschaft sitzen dort und wollen von mir wissen, was ich da tue und sind ungläubig, als ich ihnen erkläre, dass ich zu Fuß da bin.

Zu meinem Leidwesen passiert mir das öfters. Viele Leute können sich nicht vorstellen, dass man heutzutage freiwillig zwanzig, dreißig Kilometer am Tag zu Fuß geht, sie fragen mich manch-

Die Weinstadt Langenlois ist nicht nur für ihren guten Wein bekannt, sondern bezaubert auch durch das wundervolle Ortsbild.

mal sogar, was das bringen soll. Wenn ich ihnen erkläre, dass ich mit offenen Sinnen durch das Land marschiere und dabei Kostbarkeiten entdecke, die einem vom Autos aus verborgen bleiben, dann lächeln sie bloß. Genau das aber möchte ich erleben, Gerüche aufnehmen, an alten Bäumen mit geschlossenen Augen die Rinde entlangtasten, das Glucksen eines Bächleins erleben und den Vogelstimmen am Wegesrand lauschen.

In Schiltern gibt es noch eine zweite Sehenswürdigkeit, die Kittenberger Erlebnisgärten. Ich erwerbe ein Eintrittskarte und trete ein in ein irdisches Paradies von Gartenbaukunst, Schwimmteichen, Springbrunnen und einem Meer aus Blumen und Blüten. Zahlreiche Besucher sind unterwegs um sich Anregungen für den eigenen Garten zu holen oder, so wie ich, sich einfach an dieser Blütenpracht zu erfreuen.

Gegen sechs Uhr treffe ich in Langenlois ein, der größten Winzergemeinde Österreichs. Im Gegensatz zu vielen Kremsern bekennen sich die „Loiser" zum Waldviertel. Denn wir Waldviertler legen großen Wert darauf, dass das gesamte linke Donauufer der Wachau zum Waldviertel gehört. An die 800 Betriebe produzieren hier ausgezeichneten Wein. Am Kornplatz stehen wunderschöne Renaissancehäuser, wobei das Ursinhaus besonders hervorsticht. Ich besuche das Weingut von

Rudi Rabl senior exportiert seine vielfach prämierten Weine in alle Welt.

Rudi Rabl, dessen Bruder in Weitra wohnt. Vorher komme ich noch beim Loisium vorbei, einem modernen Bau, wo man alles über den Wein erfährt. Im Weiranhof, dem Weingut der Rabls, ist Rudi der Jüngere dabei, den Wein umzupumpen. Die Tanks stehen in Reih und Glied, und Nirosta glänzt in der Abendsonne. In einem der zahlreichen Nebengebäude betreibt man eine gepflegte Pension. Ich habe ein großes Zimmer mit einem luxuriösen Bad, noch nie habe ich auf meiner Wanderung so feudal übernachtet. Zum Frühstück sind Rudi der Ältere und seine zweite Frau da und wollen etwas über meine Wanderung erfahren. Anschließend zeigt mir Rudi den großen Betrieb, wo gerade verpackt wird. Eine Palette voll Weinkartons geht nach Finnland, die andere nach England. Insgesamt exportiert das Weingut in 44 Länder der Welt. Auch die Winterolympiaden

Die Kamptalbahn führt durch wunderschöne Landschaften.

in Sotschi und Korea werden, bzw. wurden von ihm beliefert. Nach diesem kurzen Ausflug in die Welt des Weines gehe ich wieder in die Stadt hinein und biege in die Kamptalstraße ein.

Bei Zöbing überquere ich den Kamp, die Weinterrassen reichen rechterhand fast bis zur Kamptalwarte hinauf. Ich komme bei wunderschönen alten Winzerhöfen vorbei, und in Schönberg genehmige ich mir Wachauer Marillenknödel. Dort gibt es auch das Kulturzentrum „Alte Schmiede", welches mit ihrer orange- und gelbfarbenen Kassettenmalerei sofort ins Auge sticht. Gegen Stiefern wird das Tal wieder enger, der Kamp drängt zum felsigen Berghang, lässt gerade noch Platz für die Trasse der Kamptalbahn. Der Kamp fließt träge dahin, als ob er wüsste, dass er ein paar Kilometer südlich seine endgültige Bestimmung finden wird, wenn er dort in die Donau mündet.

Kamp, Thaya und Lainsitz durchziehen das Waldviertel wie Lebensadern, immer in Bewegung, stetig und verlässlich. Schenken einer Landschaft über Jahrtausende hinweg Leben und Fruchtbarkeit, sind ein Zuhause für Tiere und Pflanzen, verbinden Orte und Menschen miteinander. Flüsse verändern sich im Laufe der Zeit, breiten sich mal hier, mal da mehr aus, schaffen Sandbänke, Inseln, Buchten, Schwemmebenen, und dieser konstante Wandel bestimmt den besonderen Reiz einer Flusslandschaft. Doch ab und zu, nach tagelangen Regenfällen, kann es sein, dass sie aus der Kontrolle geraten und Städte, Dörfer, Wiesen und Felder überfluten und großen Schaden anrichten, wie es hier und anderswo 2002 geschah.

Für den Wanderer jedoch sind Flusstäler ein großer Segen, da die Weiden am Ufer Schatten spenden und die Flussläufe Richtungswegweiser sind. Mein Weg führt mich an diesem Tage eben flussaufwärts von Langenlois bis Gars, manchmal am rechten Ufer, manchmal am linken Ufer. Kurz vor Stiefern kreuzt die Bahn meinen Weg, doch die meisten Waggons sind leer. In Stiefern führt mein Weg unterhalb der Kirche vorbei, gleich daneben an schmucken Weinkellern mit Strohsonnen als Markenzeichen. Tische und Bänke davor stehen noch leer, werden sich wohl erst in den späten Abendstunden füllen. Nun wird das Tal wieder breiter, auf einer Wiese grasen Pferde, der Kamp kann sich hier unbehindert ausbreiten. Radfahrer kommen mir auf dem sandigen Weg entgegen, ein Kreuz mit einem Bild deutet an, dass mitunter auch Radfahren gefährlich sein kann. Das Bild zeigt einen Radfahrer, der über einen Stein stürzt. Der Vers darunter war ihm posthum wahrscheinlich auch kein Trost:

Radler haltet inne im Treten und Lenken
verharret hier kurz in stillen Gedenken
mit reinem Herzen, gut und edel –
an Fred, der hier fiel auf seinen Schaedel.
Den 26. July A.D. 1997

Bereits am frühen Morgen wurde ich durch den Wetterbericht gewarnt, dass mir der heißeste Tag der Woche bevorstehe. Ich schwitze wie ein Berserker, das Hemd unter dem Rucksack trieft mittlerweile von Schweiß. Alle hier verfügbaren Fliegen, Gelsen und Bremsen haben mich als ihr Opfer auserkoren, werden immer zudringlicher und aggressiver. In Plank ziehe ich die Reißleine und fahre die letzten paar Kilometer bis Gars mit dem Zug weiter. Mein Körper giert geradezu nach Flüssigkeitszufuhr und so ist es kein Wunder, dass ich mich dort in der Konditorei mit gespritztem Apfelsaft volllaufen lasse.

Hoch oben am Berg thront die Ruine der Babenbergerburg. Sie war die Hauptresidenz des Markgrafen Leopold II., der von 1075–1095 von hier aus die Verteidigung und Aufbauarbeit der Ostmark leitete und gilt als eine der ältesten Burganlagen Österreichs. Sein Sohn und Nachfolger Leopold III. der Heilige und Landespatron soll hier geboren sein. Nach der Übersiedlung der Babenberger nach Klosterneuburg waren die Kuenringer, Maissauer, Neudegger und die Freiherrn von Teufel Besitzer der Burg. Als um 1800 die Dachsteuer eingeführt wurde, entfernte man Dächer und Decken und gab die Burg dem Verfall preis. Nunmehr finden im großen Burghof alljährlich die Garser Opernfestspiele statt.

Kunsthistorisch interessant ist die neben der Burg liegende Kirche St. Gertrud von Nivelles. Sie war bereits 1100 Sitz einer der Waldviertler Ur-

Die St. Gertraudskirche mit dem Karner und die Reste der ehemaligen Babenbergerburg hoch über Gars

Hans Hölzl, besser bekannt als Falco, war zeitweise auch in Gars sesshaft.

Der weiträumige Turnierhof der Rosenburg war einst Schauplatz großartiger Turniere.

Einer der Hauptdarsteller der Greifvogelschau

pfarren, besticht durch schöne Maßwerkfenster und ein wunderbares Kreuzrippengewölbe. Die drei originalen Chorfenster aus der Zeit vor 1330 zeigen Szenen aus dem Leben Johannes des Täufers und der Kirchenpatronin Gertrud von Nivelles.

Die Kamptalbahn wurde bereit 1898 gebaut, und Gars entwickelte sich zu einem beliebten Sommerfrischeort des Wiener Großbürgertums. Zahlreiche Villen, das alte Strandbad und der schöne Kurpark geben darüber Auskunft. Kurz vor dem Ersten Weltkrieg zählte man hier 80.000 Übernachtungen im Jahr. In der neueren Zeit ließen sich hier von Willi Dungl in seinem Hotel zahlreiche Sportgrößen von ihren kleinen und großen Wehwehchen kurieren. Nun gehört das große Hotel in der Ortsmitte zur Steigenberger-Gruppe. Und wenn man durch den Kurpark schlendert, entdeckt man die Skulptur von Falco, der hier ebenso ein Haus besaß.

Da ich ein armer Wanderer bin, steige ich am Ortsende von Gars preiswert in „Poldis Gasthaus" ab. Dort erlebe ich wieder eine nette Überraschung. Ich überreiche dem Juniorchef meine Visitenkarte:

„Wenn Sie einmal Zeit haben, dann machen Sie doch eine Nachtwächterführung mit mir in

Wahrlich atemberaubend – die Rosenburg auf steilem Fels

Weitra, auf der Rückseite finden Sie meine Waldviertel-Krimis!"

„Ach, Sie sind das" erwidert er und ist eine Staubwolke. Ein paar Minuten später ist er wieder da, mit meinem Krimi „Speck Schnaps Mord" in der Hand.

„Der liegt gerade auf meinem Nachtkästchen und jeden Abend lese ich darin und er gefällt mir sehr gut!"

Mir gefällt es natürlich auch, trotzdem muss ich am nächsten Tag wieder weiter. Bei der Mariabründlkapelle vorbei nach Kamegg. Eine der vielen Burgruinen entlang des Kamps grüßt herab, ich überquere den Fluss und wandere den Steilhang aus dem Tal hinaus Richtung Etzmannsdorf, entdecke dort einen Wegweiser mit dem lustigen Ortsnamen „Wanzenau". Ob es dort noch welche gibt? Kurz danach bin ich bei der Rosenburg. Ein prächtiges Renaissanceschloss hoch über dem Tal, genau dort, wo der Kamp seine Richtung ändert und nun von Nord nach Süd fließt. Ich war schon oft hier, und die grandiose Burganlage fasziniert mich immer wieder. Der mittelalterliche Turnierhof gleich zu Beginn, der Schlosshof, die Waffensammlung und die wunderschönen Gärten begeistern die internationale Gästeschar. Seit 1681 ist sie im Besitz der Grafen Hoyos-Sprinzenstein und gehört zu den meist besuchten Orten des Waldviertels. In den herrschaftlichen Wohnräumen stehen noch wertvolle Kabinettschränke

Herrlich naturbelassen – der Umlauf des Kamps

mit Intarsien und massive Truhenschränke. Eine eigene Zuchtstation sichert den Erhalt von verschiedenen Greifvögeln, deren Flugkünste man bei den Freiflugvorführungen hautnah erleben kann. Im Wald neben der Burg befindet sich ein Seil-Klettergarten, wo man in luftiger Höhe seinen Mut beweisen kann. Ich marschiere lieber, nämlich wieder hinunter ins Kamptal. Der markierte Wanderweg führt an einem großen Gebäude vorbei, einer ehemaligen Mühle, welche zum Stift Altenburg gehört. Gleich über dem Tor ist eine endlos lange Inschrift zu lesen. Von ihr erfahre ich die Sprache und Orthographie einer längst vergangenen Zeit:

ANNO DOMINI M.DC.XIII. HAT DER HOCHWÜRDIG IN GOTT GEISTLICH ANDECHTIG UND EDLE HERR HERR THOMAS ZIENNER ABT DES WÜRDIGEN CLOSTER ALTENBURG PROTHONOTARIUS APLICUS COMES PALATINS IHR FÜRST LEOPOLD ERZHERZOG ZU ÖSTERREICH BISCHOFEN ZU STRASBURG UND PASSAU RATH UND DAMALN AINER LÖBLICHEN NIDERÖSTERREICHISCHEN LANDSCHAFT GEWESTER VERORDNETER DIESE MÜLL VON SEINER VERDIENTEN AMBTSBESOLDUNG UND VEREHRUNG ERKAUFT UND VON GRUND AUF NEU ERBAUET UND DIESELBE SAMBT DER NEU AUFGERICHTETEN MAYRSCHAFT UND ALLEN DARZUE GEHÖRIGEN GRÜNDEN ÄCKERN UND GEHÖLZEN ZU GEMELTEM CLOSTER ALTENBURG SEINER SO WOLL AUCH SEINER GANZEN FREUNDSCHAFT IN EWIGKAIT IM BESTEN DARBEY ZU GEDENCKEN INCORPORIRT UND EINVERLEIBT.

So viel zu meinem kleinen Ausflug in die Kulturgeschichte. Der Weg führt mich nun leicht bergauf, an einem Felsen entlang mit der Markierung des Kamptalstauseenweges. Gleich darauf geht es wieder bergab zum Fluss. Nun befinde ich mich auf einer wildromantischen Strecke des Kamps, nämlich auf der Außenseite des Umlaufberges. Ich blicke über das Wasser und sehe vor mir pure Wildnis. Alte Bäume sind zu sehen, Totholz liegt malerisch verstreut im Wasser, kleine Tümpel, grün bedeckt mit Wasserlinsen. Ich nehme mir fest vor, irgendwann einmal auch das Innere der Flussschlinge zu erkunden. Die Landschaft hier ist wildromantisch, wildnishaft, man könnte meinen, irgendwo im hohen Norden zu sein.

Es ist unsäglich heiß, und ich steige den steilen Berg hinauf, um Schutz in den kühlen Mauern des Stiftes Altenburg zu suchen. Die Glocke schlägt zwölf, als ich auf eine alte Mauer im Wald stoße, ein paar Minuten später entlässt mich die schattige Welt in die brütende Hitze, und ich sehe das Stift vor mir.

In der Stiftskirche ist es angenehm kühl, ich richte den Blick nach oben zur Kuppel. Ein riesiger Drachen ist zu erkennen, grün, mit weit gespreizten Flügeln. Seltsamerweise speit er Wasser und ein weibliches Wesen mit Adlerschwingen flüchtet vor ihm. Ein Engel vielleicht? Es ist eine Episode aus der Apokalypse des Johannes und somit Teil eines Bilderrätsels, welches sich durch das ganze Kloster zieht. Das Stift gehört zu den erlesensten spätbarocken Schöpfungen Österreichs und ist eine architektonische Meisterleistung aus Marmor, Fresken, Stuck und Gold. Die bekanntesten Baumeister dieser Epoche waren

Das grandiose Deckenfresko von Paul Troger

hier am Werk, nicht nur in der Kirche, welche der Aufnahme Mariens in den Himmel geweiht ist, sondern auch in der großartigen Bibliothek. Der wohl originellste Raum ist die Krypta mit dem grotesken Totentanz von Paul Troger. Man muss in jener Zeit dem Tod einen anderen Stellenwert gewährt haben wie heute, denn allen diesen Szenen vom Tod, der zu jedem kommt, gleich welchem Stande er angehört, werden heitere Motive wie Blumenranken und Girlanden entgegengesetzt. Sehr interessant sind die neuesten Ausgrabungen einer Unterkirche und die wunderschönen Themengärten.

Dem Wetterbericht entnehme ich, dass es der heißeste Tag des Sommers sein soll. Da die Hitze-

oben: Die Krypta ist wohl der originellste Raum des Stiftes Altenburg.
unten: Die drastischen Darstellungen des Totentanzes von Paul Troger erinnern uns daran, dass der Tod vor keinem Halt macht.

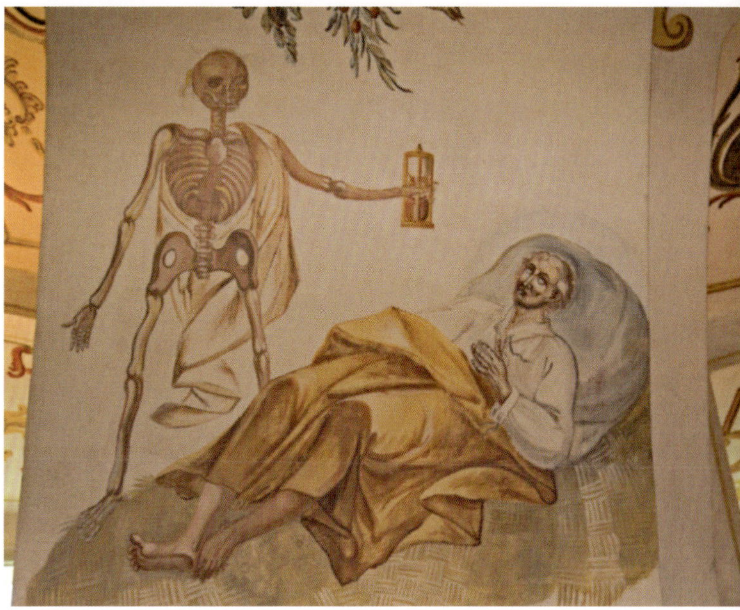

periode aber weitergehen wird überlege ich mir das Weitergehen und nehme den Bus nach Rastenfeld, von dort den nächsten nach Zwettl, wo mein Taxi wieder auf mich wartet.

Ein paar Tage und etliche Grade angenehmer starte ich erneut von Altenburg aus. Der schönste Abschnitt des Kamptales wartet auf mich. Vom Öden Schloss, früher Tursenstein genannt, stehen nur mehr einige Mauerreste, doch der Blicke in die Schlucht des Kamps ist großartig. Der Forst des Stiftes ist mustergültig gepflegt, und sogar die Hochstände sind nummeriert. Das hochtourige, stetig auf- und abschwellende, äußerst nervtötende Geräusch der Motorsägen begleitet mich eine halbe Stunde lang. Dann, in der Nähe von Fuglau, komme ich am Hungerkreuz vorbei. Die Schrift darauf sagt uns, dass hier in früheren Zeiten im Herbst zwei Kinder verschollen sind und erst im nächsten Frühjahr tot aufgefunden wurden. Auch ein Indiz dafür, dass das Leben am Lande nicht gerade einfach war.

Bei Steinegg kehre ich wieder zum Kamp zurück. Nicht immer führt der Weg unten am Fluss entlang. Das Kraxeln durch einen aufgelassenen

Steinbruch im Wald ist mühsam, und ich würde keinem raten, hier bei Regenwetter mit Turnschuhen herumzukraxeln. Auf einem Felsen ist die rotweiße Markierung mit der Nummer 620/06 zu lesen. Der Wanderweg geht bergauf, bergab und gibt immer großartige Ausblicke in die Tiefe frei. Kurz darauf aber verengt sich das Tal, lässt nur mehr Platz für das Wasser und einen schmalen Wegstreifen. Die Hänge an beiden Seiten sind so steil, dass es unmöglich ist, das viele Altholz aus dem Kamp zu bergen. Ganze Baumstämme liegen kreuz und quer im Wasser, die irgendwann einmal vom Sturm entwurzelt wurden. Das ist Wildnis pur, ein Abenteuerspielplatz ohnegleichen. Auf den Steinbuhnen wachsen dichte Grasbüschel, und das Wasser bahnt sich mühsam seinen Weg dazwischen. Immer wieder liegen Bäume über dem Weg und lassen auch mich nur mühsam weiterkommen. Plötzlich taucht hoch oben am Berg ein mächtiger Turm auf, es ist die Ruine Schauenstein, eine der markantesten im Kamptal.

Schmetterlinge begleiten mich auf meinem Weg, einer davon ist derart augenfällig, dass ich ihn mit der Kamera verfolge, bis er sich auf einem Blütenstrauch niederlässt. Der Falter ist mir unbekannt, ich kann mich nicht erinnern solch ein Prachtexemplar jemals im Oberen Waldviertel gesehen zu haben. Die grünschwarzen Vorderflügel sind von gelblichen Streifen durchzogen, die Unterflügel schimmern orange hervor. Erst ein Blick ins Bestimmungsbuch zeigt mir, dass es ein „Russischer Bär“ ist, der Regionen mit Felshängen und Bergschluchten bevorzugt. Jetzt ist mir klar, warum er ausgerechnet hier in diesem engen Tal auftaucht. Solch glückhafte Momente werden eben nur dem Wanderer beschert, der sich zu Fuß bewegt und dabei alle Sinne offen hält. Ich glaube kaum, dass ich so einen seltenen Schmetterling jemals vom Auto aus gesehen hätte. Da lobe ich mir doch das Wandern! Schmetter-

links: Das Benediktinerstift Altenburg gehört zu den erlesensten spätbarocken Schöpfungen des Landes.

Das enge Kamptal mit seinen steilen Hängen ist ein wahres Naturjuwel – im Hintergrund blickt die Ruine Schauenstein in die Tiefe.

Vor dieser Wegkapelle wurden die Pilger nach Maria Taferl verabschiedet. Fresken mit der Muttergottes von Maria Taferl

linge waren oft meine einzigen Wegbegleiter. Kaisermantel, Schwalbenschwanz, Tagpfauenauge und einige andere, eher seltene Sorten, die ich nicht so gut kenne. Besonders aber faszinierten mich die Taubenschwänzchen mit ihrem langen Saugrüssel, den sie punktgenau in den Blütenkelchen platzieren und im Schwirrflug stehend den Nektar daraus saugen.

Es dämmert bereits, als ich in Wegscheid das Tal wieder verlasse. Auf der Straße bergauf komme ich nach Altpölla. Am Ortseingang steht ein schönes barockes Marterl. Ich öffne das schmiedeeiserne Gitter und fotografiere die wunderschönen Fresken, welche die Entstehungslegende von Maria Taferl darstellen. Von 1672 bis 1759 pilgerte man von hier aus alljährlich nach Maria Taferl. Diese Wallfahrt, welche am Quatembermittwoch nach Pfingsten startete, war neben dem festlich begangenen Josefi-Tag das Hauptereignis der Pfarre. Sie wurde von der „Jesus-, Maria- und Josefsbruderschaft“ durchgeführt, bis Kaiser Josef II. alle Mehrtageswallfahrten verbot. In Artstetten, kurz vor Maria Taferl, gibt es zur Erinnerung daran eine Pöllauer Kapelle.

Im Gasthaus Speneder ist ein Zimmer frei. Außer mir übernachten noch drei Monteure hier, die in der Nähe einen neuen Handymast aufstellen. Von einheimischen Gästen fehlt jede Spur, und genau hier liegt der Hund begraben. Mein ganzes Konzept schwimmt den Bach hinunter. Ich habe mir vor meiner Wanderung bildhaft ausgemalt, die Abende in kleinen Dorfgasthäusern zu verbringen und mit den Ansässigen über ihr Leben und ihren Ort zu plaudern. Doch in vielen Dörfern gibt es keine Gasthäuser mehr und wenn, dann sind sie unter der Woche nur spärlich besucht. Manchmal war ich der einzige Gast, und die Wirtsleute meine einzigen Gesprächspartner.

Und es ist immer wieder dasselbe, ganz egal, wohin ich komme. Ich werde bestaunt wie ein Palmesel, da ich zu Fuß unterwegs bin, was mich verwundert. Evolutionsbiologisch war doch jahrtausendelang Gehen das einzige natürliche Fortbewegungsmittel des Menschen. Das Gehen kommt aus dem Inneren des Menschen. Entschleunigt ihn, um aus der Schnelllebigkeit unserer Zeit auszubrechen. Wandern heißt Loslassen, Zusichkommen, alle Einengungen zur Seite zu schieben, die Maske fallen zu lassen, den eigenen Rhythmus zu finden. Unvorhersehbare Überraschungen und ungeplante Begegnungen gehören ebenfalls dazu wie Mühsal und Schweiß. Doch gerade das macht das Unterwegssein so lebenswert. Ein Ziel zu haben und es zu suchen. Auf der Erde unter unseren Füßen Spuren zu hinterlassen.

Der moderne Mensch verbringt achtzig Prozent seiner Lebenszeit im umbauten Raum. Im Haus, im Büro, im Auto oder in öffentlichen Verkehrsmitteln. Der Durchschnittseuropäer geht statistisch gesehen drei bis fünf Kilometer pro Woche zu Fuß. Unsere Vorfahren als Jäger und Sammler waren jedoch 20 bis 40 Kilometer am Tage unterwegs! Evolutionsbedingt sind unsere Sinne noch immer auf die Geschwindigkeit von 4–6 km/h eingerichtet, vor allem das Sehen und das Hören, bis in die feinsten Nervenbahnen.

Wir leben in einer schnelllebigen Zeit. Lebenstempo, Arbeitsabläufe und Aktivitäten verlaufen schneller als je zuvor. Genau diese Kombination von rasender Beschleunigung und fataler Bewegungsarmut schädigt nicht nur unsere Psyche, sondern auch unseren Körper. Die Orthopäden feiern fröhliche Urstände, künstliche Hüft- und Kniegelenke sind beinahe schon mehr Regel als Ausnahme! Wandern ist die beste Strategie um gesund zu bleiben, aber auch der rapiden Entsinnlichkeit des Alltags zu entkommen. Die Natur hilft uns, uns selbst zu spüren und zu erfahren, was uns gut tut.

Die bemerkenswerte Pfarrkirche Maria Himmelfahrt von Altpölla gehört zu den ältesten Kirchen des Waldviertels.

Füße wollen gegangen werden, sonst verkümmern sie. Deswegen gehört es zu den vorrangigen Pflichten des Wanderers, seine Füße zu pflegen. Der Griff zur Hirschtalgsalbe beim Start gehört ebenso dazu wie der Franzbranntwein am Ziel. Wer zu Fuß unterwegs ist, so sagt Nietzsche, bringt Spannung in Körper und Geist. Fährtensucher aller Zeiten und Kulturen haben dem Fußabdruck Beachtung geschenkt. Untergebene und Sklaven mussten als Zeichen ihrer Demut die Füße ihrer Herren küssen. Ein Fußtritt gilt als Ausdruck extremer Verachtung. Forscher und Entdecker setzten ihren Fuß auf den entdeckten Boden als Zeichen der Landnahme. Dämonischen Wesen wurden oft unmenschlich gestaltete Füße zugeschrieben, etwa verkehrt herum. Dem Teufel hat man einen Pferdefuß angedichtet. Das

Aufstehen mit dem linken Fuß galt bereits in der Antike als unglückseliges Omen für den folgenden Tag. Füße begleiten die Menschheit durch Sagen, Mythen und Legenden. Warum faszinieren uns Füße und Beine so? Schöne Frauenbeine sind für uns Männer erotisch, stramme Männerwadeln für Frauen. Menschen, die uns vertraut sind, kennen wir schon von weitem an ihrem Gang. Und ist es nicht immer auch der Gang, mit dem wir einen anderen Menschen charakterisieren, seine Gefühlswelt zu deuten versuchen? Wenn sich einer mühsam dahinschleppt, weil er traurig ist? Mit großen Schritten ausschreitet, wenn er freudig einem bekannten Ziel entgegenstrebt? Wir sollten unseren Füßen die Aufmerksamkeit schenken, die sie verdienen. Bewusst gehen, schreiten, schlendern, stolpern, spazieren, trödeln, flanieren, wandern, marschieren, dahin stampfen, sich fortbewegen, starten, auf den Weg machen!

Frühmorgens mache ich mich auf dem Weg zur Kirche. Junge Frauen stehen grüppchenweise plaudernd neben der Straße, sie haben ihre Kinder gerade beim Schulbus abgeliefert. Die Kirche mit ihrem charakteristischen Turm, aus dessen Dach nach allen Seiten Uhrengaupen heraus schauen, steht oben am Hügel. Sie gehört zu den ältesten im Waldviertel und wird auch „Mutterpfarre des Waldviertels“ genannt. Der Kern ist romanisch, um 1132 entstanden und in späteren Jahrhunderten immer wieder erweitert und umgebaut worden. Zahlreiche Grabsteine sind zu erkennen, der älteste stammt aus dem Jahre 1303. Der neugotische Hochaltar mit der Figurengruppe Mariä Himmelfahrt und Krönung, flankiert von den Heiligen Leopold, Katharina und Barbara wurde 1906 angefertigt.

Der Hauptaltar zeigt die Krönung und die Himmelfahrt der Gottesmutter.

Ich setze mich in eine Bank, schließe die Augen und stelle mir vor, was dieses altehrwürdige Gebäude bereits erlebt hat. Sehe die Steinmetze vor mir, wie sie den harten Granit behauen, Maurer, die Schicht auf Schicht das Mauerwerk emporziehen, das Geschnaufe der Zuträger, die Mörtel und Steine herbeischleppen, Zimmerleute, die hoch oben Balken mit Balken verbinden. Aber

Wunderschöner barocker Bauernhof vor Neupölla

auch das Kriegsgeschrei der Hussiten, die im 15. Jahrhundert die Kirche plünderten und zerstörten. Gläubige, die Gebete murmeln, wetternde Priester auf den Kanzeln, um das Seelenheil ihrer Schäfchen besorgt, Prozessionen, Kerzenschimmer, Weihrauchschwaden und Glockengeläut, Taufen und Hochzeiten, Begräbnisse, feierliche Hochämter mit Chorgesang, Segnungen, die Trost spenden und Kraft geben.

Der Friedhof rund um die Kirche ist mit einer Mauer aus Bruchsteinen umringt, die Kirche ragt darüber hinaus und gewährt mir noch einen letzten Blick auf den markanten Turm, die schönen Chorfenster und die wuchtigen Strebepfeiler. Bevor ich zur Ruine Schauenstein weiterziehe, mache ich noch einen kurzen Umweg Richtung Neupölla. Vor dem Ort steht ein wunderschöner alter Bauernhof mit barocken Giebeln direkt an

Die Burg Schauenstein ist auch als Ruine noch großartig anzusehen.

der Straße. Oft bin ich schon vorbeigefahren, nie habe ich ihn jedoch fotografiert, und er ist wahrhaftig einen Abstecher wert. In Neupölla selbst gibt es ein hochinteressantes Museum für die Alltagsgeschichte. Irgendwann, so nehme ich mir vor, werde ich auch dieses besuchen.

Gleich in der Nähe beginnt der Truppenübungsplatz Allentsteig, und er war Schauplatz eines der dunkelsten Momente österreichischer Geschichte. Nach dem Anschluss wurden auf Wunsch des Führers 42 Ortschaften und einige Einzelhöfe ausradiert. Über 19.000 Hektar uraltes Kulturland wurden hier zwischen 1938 und 1942 entsiedelt, 7.000 Menschen verloren ihre Heimat. Hitlers Vorfahren kamen aus Döllersheim, und es ist gut möglich, dass er alle möglichen Spuren seiner eigenen skandalösen Familiengeschichte auf so brachiale Art und Weise löschen wollte.

Der Blick in das tief eingeschnittene Tal des Kamps ist atemberaubend!

Heutzutage dient der verlassene Landstrich dann und wann dem Bundesheer als Übungsstätte. Die Natur hat sich dort im Laufe der Jahre erholt, seltene Pflanzen und Tiere sind hier wieder ansässig geworden. In jüngster Zeit sorgt sogar ein Wolfsrudel für Aufregung. Im Schloss Allentsteig ist die Verwaltung untergebracht.

Vorwärts, Kamerad, du musst zurück! Nämlich zur Burgruine Schauenstein. Mächtig steht sie da, selbst im Verfall noch ein großartiges Beispiel hochmittelalterlicher Burgenbaukunst. Der Bergfried, aus hellen und dunklen Steinen gemauert, war einst Beobachtungsposten und allerletzte Zuflucht zugleich. Die erste Erwähnung stammt aus dem Jahre 1175, und die mächtige Burg war Teil des Verteidigungsgürtels des Kamptales, hat eine bemerkenswerte Geschichte und war sogar etliche Jahre im Besitz des Ungarnkönigs Matthias Corvinus. Im Dreißigjährigen Krieg von schwedischen Truppen teilweise zerstört, zeichnet Vischer die Burg 1672 bereits in ruinösem Zustand. Derzeit kümmert sich ein Verein um die Erhaltung der Ruine. Erst hier erfahre ich, dass man im Gasthaus Speneder in Altpölla den Schlüssel für den Bergfried erhält! Doch der Blick von der westlichen Mauer gewährt mir einen großartigen Blick in die tiefgelegene Talschlucht des Kamps. Die dichten Buchenwälder an beiden Hängen bieten im Farbenrausch des Herbstes ein großartiges Naturschauspiel. Jetzt im August dominiert hier noch einzig und allein das Grün der Bäume und das Silber des Wassers, welches in der Sonne aufblitzt.

In Röhrenbach komme ich an der Spitalskirche vorbei, wo in einer Gruft schöne Fresken von Paul Troger zu sehen sind, doch sie ist zugesperrt. Ein paar Schritte weiter, und ich bin in Greillenstein. Das Schloss ist fürwahr ein Juwel der Renaissance, zur Zeit ist eine aufwendige Restaurierung im Gange. Das oberste Geschoss wurde bereits erneuert, nun ist die linke Dachhälfte an der Reihe. Das Eingangstor wird von

Das Schloss Greillenstein – ein ganz besonderes Juwel der Renaissance

Die Zwergengalerie von Schloss Greillenstein

zwei grimmigen Löwen bewacht, doch sie lassen mich anstandslos in das Schloss. Im Turmtor gibt eine Tafel Auskunft, welch riesenhafte Summen die Renovierung des Schlosses bereits verschlungen hat. Unwillkürlich kommt mir der ehemalige Schlossherr von Weitra, Karl Egon zu Fürstenberg, in den Sinn. Er war bekannt für seine markigen Sprüche und einer davon lautete eben: „Wer ein Schloss hat, ist ein armer Mann." Führung gibt es leider keine, erklärt mir die Dame an der Kassa, denn es sind zu wenig Besucher da, aber es gibt eine Anzahl von Räumen, die man auch ohne Führung besichtigen kann. Also zahle ich meinen Obolus und gehe auf Entdeckungsreise. Der Innenhof mit dem schönen Arkadengang ist bereits geschmackvoll restauriert worden, in einem Spielzimmer sind auf einem großen Tisch allerlei Unterhaltungsmöglichkeiten aufgebaut. Eine Ausstellung weist auf die diplomatischen Aktivitäten derer von Kuefstein hin, das Verlies ist zu sehen und die Zwergengalerie. Die Groteskfiguren stellen Personen aus dem Alltags-

Ein neuer Tag bricht an.

leben in stark verkleinerter Form dar. Kein Wunder also, dass sich hier alljährlich Zwergenforscher aus ganz Europa treffen. Der historische Gerichtssaal samt Schranke und Registratur kann leider nur im Rahmen einer Führung besichtigt werden. Ich nehme mir vor, auch diese Führung irgendwann einmal nachzuholen.

Es ist wieder heiß geworden an diesem späten Vormittag, und ich habe leider vergessen meine Trinkflasche aufzufüllen. Ein Spießrutenlauf beginnt. In Röhrenbach gibt es kein Gasthaus mehr, detto in Greillenstein. Da das Gasthaus Gamerith in St. Marein Ruhetag hat, setze ich meine Hoffnung auf das Gasthaus in Brunn an der Wild direkt an der Hauptstraße. Doch auch dieses gibt es nimmer, jetzt ist aber Gott sei Dank ein kleiner Markt drinnen, also versorge ich mich dort.

Wegen meiner vieler Aktivitäten als Nachtwächter, Gemeinderat und Leiter der VHS Weitra habe ich eine Menge Termine. Darum ist es mir nicht möglich, mehr als maximal fünf Tage unterwegs zu sein. Jetzt ist es wieder so weit. Der freundliche Kaufmann fährt mich nach Göpfritz zum Bahnhof. Ich komme auf die Minute genau zur Abfahrt des Zuges an, übersehe in der Eile den Ticketautomaten. Der Schaffner belehrt mich, dass ich im Normalfall 90,-- Euro Strafe zahlen müsste. Nach einem längeren Hin und Her, bei dem mich eine ältere Dame unterstützt, lässt er Gnade vor Recht walten und kassiert nur den regulären Fahrpreis. Glück gehabt!

Ein paar Tage später sitze ich wieder in der Franz-Josefs-Bahn Richtung Irnfritz. Als ich dort aussteige, bietet sich eine traumhafte Stimmung für ein Foto an – der abfahrende Zug steuert geradewegs in die aufgehende Sonne hinein. Ein großartiger Beginn für einen großartigen Tag! Zuerst geht es durch den Ort, dann bei einem

Schloss Wildberg

schönen Teich vorbei. Im Wald leuchten reihenweise Schopf-Tintlinge durch das Gras, zwei Rehe hetzen an mir vorüber, das Gras ist nass, und die Strahlen der noch tiefstehenden Morgensonne sickern durch das Unterholz. Eine riesengroße Hecke von wildem Hopfen steht vor mir – was hat denn der hier im Wald verloren? Wer hat den Hopfen hier ausgesetzt? Gleich darauf stoße ich auf einen Kinder-Hochstand und einen Waldlehrpfad. Dann stehe ich auf der gemauerten Bogenbrücke, welche einst die Zugbrücke ersetzte, vor dem Schloss Wildberg. Das schöne Renaissanceportal ist nicht der einzige Schmuck des hohen Gebäudes, welches sich vor mir aufbaut. Das Schloss ist im Privatbesitz und leider nicht zu besichtigen. 1135 wird erstmals ein „Pilgrim de Wiltperch" genannt, doch seine größte Bedeutung erlangte das Schloss in der Reformationszeit, wo unter dem protestantischen Hans von

Puchheim eine Druckerei für die sogenannten Wildberger Drucke, eine protestantische Streitschrift, eingerichtet wurde. Im Hof gäbe es eine spätgotische Rauchküche mit markantem Schlot zu sehen, wenn man sie eben zu sehen bekäme!

Unterhalb im Dorf Messern gibt es einen interessanten Grabstein an der Kirchenmauer und die Reste eines Galgens. Unten an der Straße entdecke ich einen Wegweiser nach „Rothweinsdorf", wo lustigerweise weder Rot- noch Weißwein angebaut wird. Plötzlich beginnen meine Beine wie von selbst schneller zu gehen, denn es ist nicht mehr weit nach Grub. Versteckt im Versteckten liegt hier eine meiner Lieblingsburgen, die Burg Grub. Hoch aufragend steht sie auf einem steil abfallenden Felssporn an der Einmündung des Reutgrabens in den Farnbach. Der 22 m hohe Bergfried und der Palas aus gelbem Sandstein erinnert mich frappant an die trutzigen Burgen der Katharer in Südwestfrankreich, die ich neun Jahre zuvor besucht habe. Der Anblick allein raubt mir den Atem. Die bereits zum Abbruch freigegebene Burgruine wurde 1970 vom Ehepaar Hampapa erworben und mit freiwilligen Helfern soweit instandgesetzt, dass man nunmehr auf dem Wegweiser statt Burgruine wieder Burg lesen kann. Unter erbärmlichen Bedingungen haben die Hampapas im Sommer hier gehaust, ohne Wasser, ohne Kanalanschluss. Mit viel Enthusiasmus und Liebe zum Detail haben sie den Rittersaal und ein paar andere Räume wohnlich gestaltet. Derzeit ist die Burg im Besitz von Roswitha und Wolfgang Heindl, die sich jüngst getrennt und andere Partner gefunden haben. Roswitha ist noch dazu eine Druidin, die auf den Keltenfesten in Asparn und Schwarzenbach auftritt.

links: Versteckt im Versteckten – die großartige Burg Grub

Der trutzige Bergfried der Burg Grub

Auf der alten Straße marschiere ich den einst bei allen Autofahrern im Winter gefürchteten Brunner Berg hinunter in den Ort und schließe somit wieder an die letzte Etappe an. Über Poigen gelange ich nach St. Bernhard. Früher einmal waren die Herren von Poigen ein mächtiges Herrschergeschlecht im Waldviertel, nun ist Poigen

Im fruchtbaren Horner Becken – Eine Landschaft wie gemalt

ein beschauliches Dorf an der Großen Taffa. Diese zeigt sich hier als schmaler Graben, und es stellt sich für mich die Frage, wie dann wohl die Kleine Taffa aussieht. Ich bewege mich jetzt im Horner Becken, dort, wo das Land flacher und die Felder größer sind. Ich stoße auf ein Kontrastprogramm, das linke Feld liegt im sattem Grün, das rechte in hellem Rosa. Es ist Buchweizen, der hier blüht und der mir bislang gänzlich unbekannt war. Wieder erlebe ich den unbestrittenen Vorteil des Wanderns, wo man sich gemächlich einem neuen Landschaftsbild nähert und sich mit ihm vertraut macht. Vor St. Bernhard entdecke ich einen uralten Tabernakelpfeiler mit einer Inschrift, die ich seltsamerweise erst bei der Bildbearbeitung am Computer genauer betrachte. In klobiger Schrift steht da ein Text, der mir auf den ersten Blick nichts bedeutet: „Sag Got dem Hern Lob und Danck das Rab wider kumen in der Kristenhand den 29 Marchm 1598 Jar Sand Bernhar".

Es ist ein Raaberkreuz, welches bei uns im Waldviertel eher selten zu finden ist. Zum Dank für

Eines der seltenen Raaberkreuze des Waldviertels

Das Äbtissinenhaus des ehemaligen Klosters St. Bernhard

die Rückeroberung der Festung Raab (Györ) in Ungarn durch kaiserliche Truppen in den Türkenkämpfen erließ Kaiser Rudolf II. ein Patent „... dass in Österreich allenthalben die niedergfallenen Creuz und Martersäulen wieder aufgerichtet, die Geschädigten ausgebessert und zur Ewigen Gedächtnis diese Carmina eingehauen werden sollen".

In St. Bernhard selbst steht ein aufgelassenes Kloster, eine schmale Straße führt auf den Torturm mit der Sonnenuhr. Ein Radfahrerin überholt mich, fährt vor mir in den Innenhof, ich folge ihr. Höflich frage ich an, ob man Kirche und Kloster besichtigen kann. Mit mir schon, erklärt sie lachend, denn sie wohnt hier im altehrwürdigen Äbtissinenhaus, wo das ganze erste Stockwerk als Flacherker nach vor springt und die Bögen von verzierten Kragsteinen gestützt werden.

Ihr Mann ist mit der Apfelernte beschäftigt. Vor dem Haus stehen Karren und Scheibtruhen voll mit roten Äpfeln. Der uralte Kastanienbaum im Hof ist vierhundert Jahre alt. Eine Reihe von Nebengebäuden legen Zeugnis ab, dass im Kloster früher einmal, wie in allen anderen auch, Landwirtschaft betrieben wurde. Auf dem Hauptaltar der Kirche steht eine schöne Strahlenkranzmadonna, doch das Kloster selbst hat schon bessere Zeiten gesehen. Vom einstigen Kreuzgang sind nur mehr Mauerreste über.

Auf der Kreuzung in der Ortsmitte sitzt ein alter Mann auf einer Bank. Ich leiste ihm Gesellschaft und erzähle ihm von meiner Wanderung. Er klagt, dass es immer stiller wird im Dorf. Früher einmal hat es hier noch Gasthäuser, Geschäfte und Handwerker gegeben, so erzählt er. Die Bauern werden immer weniger, die Jungen sind in der Arbeit in Horn oder anderswo, und die Alten sterben weg. Überall wo ich hinkomme, singt man das gleiche Lied. Die Bevölkerungsstatistik des Waldviertels zeigt auf, dass die Abwanderung noch immer nicht restlos gestoppt werden konnte. Die Zahlen sind ernüchternd, der Bezirk Gmünd hat von 1981 bis zum 1.1.2018 knapp 6.700 Einwohner verloren, der Bezirk Horn 3.323, der Bezirk Waidhofen/Thaya 4.348 und der Bezirk Zwettl 5.862. Zahlreiche Initiativen sind in letzter Zeit entstanden, doch viele davon sind zahnlos, manche jonglieren mit Fantasiezahlen und sprechen gar von Zuwanderung. Die Politiker betreiben Schönwetterpolitik, schwafeln von Hoffnung und Optimismus und reagieren erbost auf Zeitungsmeldungen, die auf diese Problematik hinweisen. Dann gibt es sofort einen Leserbrief irgendeines erzürnten Bürgermeisters, der sich beschwert über allzu negative Berichterstattung. Keiner spricht offen aus, was längst schon sichtbar ist. Immer mehr Waldviertler wandern ab, immer mehr Arbeitsplätze gehen verloren. Ich bin mein Leben lang immer Optimist gewesen, aber schön langsam steigen mir die Grausbirnen auf. Auf diesen 850 km meiner Wanderung bin ich oft genug durch Orte gewandert, in denen mir am helllichten Tage kein Mensch begegnet ist. Wenn man Probleme lösen will, dann muss man offen und ehrlich darüber diskutieren dürfen und darf nicht mit Scheuklappen durch das Land rennen! Der einzige Hoffnungsschimmer sind die Pensionisten, welche nach einem langen Arbeitsleben in Wien nun wieder in die Heimat zurückkehren. Doch in diesem Fall von Zuwanderung zu sprechen, ist Selbsttäuschung und absolut nicht angebracht. Der einzige Ausweg aus dieser Misere ist die Schaffung von Arbeitsplätzen, und das ist ein schwieriges Unterfangen. Nur dadurch kann man junge Leute bewegen hier zu bleiben oder eben hierher zu kommen. Außerdem ist mehr Flexibilität angesagt und man muss den Waldviertlern klar machen, dass es nötig ist, Arbeitsplätze auch in der weiteren Umgebung zu suchen. In Wien sind viele Menschen oft eine Stunde oder mehr unterwegs, um zu ihrer Arbeitsstelle zu gelangen. In eineinhalb Stunden kann man aber von uns auch in St. Pölten oder Linz sein.

Die Kirche von Strögen ist Peter und Paul geweiht und steht weit außerhalb des Ortes.

Knapp vor Horn erreiche ich den kleinen Ort Strögen, dessen Wehrkirche außerhalb steht. Die im Kern romanische Kirche wirkt abweisend und düster, nach Norden hin sind nur wenige kleine Fenster zu sehen. Sie gehört zu den ältesten Kirchen des Waldviertels und steht wahrscheinlich auf den Resten einer Burg. Der südlich gelegene Pfarrhof weist auf die Bedeutung der Pfarre in früherer Zeit. Bereits im Jahre 1067 wird unter Bischof Altmann von Passau ein Zehentanteil der „ecclesia Strengen" genannt. 1138 dürfte die Kirche durch die Grafen von Poigen-Regau dem Stift Altenburg geschenkt worden sein. Nach der Zerstörung durch die Hussiten wurde sie neu erbaut

Der Stadtplatz von Horn
mit der eindrucksvollen Stadtpfarrkirche

und 1437 wieder geweiht. Aber auch im Dreißigjährigen Krieg trug die Kirche erhebliche Schäden davon. Der dreijochige, mit Strebepfeilern und Maßwerkfenstern ausgestattete Chor wurde im 14. Jahrhundert erbaut und ist imposant anzusehen, das Innere der Kirche bleibt mir wieder einmal verschlossen. Vor der Kirche treffe ich Norbert Waigl aus Eggenburg, einen Wanderfreund meiner Schwägerin. Er nimmt mich mit bis Horn, und ich erspare mir den Marsch durch die Gewerbezone. Mittlerweile hat sich eine drohende Gewitterfront aufgebaut. Graublaue Wolken hängen tief herab und es scheint, als würde die Kirchturmspitze diese am ihrem Bauch kitzeln. Die Stadtpfarrkirche ist dem Hl. Georg geweiht, die in der jetzigen Form von 1593–1597 errichtet wurde, als Horn eine „evangelische Stadt" war. Nach dem

Stadtbrand im 19. Jahrhundert wurde der Turm mit seinen charakteristischen Wächtertürmchen an den vier Ecken neu aufgebaut. Horn gehört ja ebenfalls zu den Stadtmauerstädten in Niederösterreich wie Weitra, große Teile der Ringmauer sind noch erhalten, und etliche Türme prägen das Ortsbild. Horn war Mittelpunkt der Reformation und 1608 wurde der berühmte „Horner Bund" begründet, der insgesamt aus 166 Herren und Rittern bestand, um die konfessionellen Forderungen der Protestanten gegenüber dem Kaiser durchzusetzen. Das Höbarthmuseum gibt Auskunft über die Geschichte der Stadt. In einem ehemaligen Turm kann man das Graselmuseum besichtigen.

Die Piaristenkirche und die Mariensäule

Räuberhauptmann Grasel trieb hier im Dreieck Horn-Zwettl-Waidhofen, aber auch im benachbarten Weinviertel und in Mähren sein Unwesen. Grasel war ein Produkt seiner Zeit. Durch die napoleonischen Kriege waren viele Männer beim Militär, die Landbevölkerung war arm, und es gab gleich zwei Inflationen. Die Gerichtsbarkeit lag bei den Grundherren, die teilweise untereinander zerstritten waren und nicht miteinander kommunizierten. So wurde Grasel zur Legende. Er war beileibe kein Robin Hood, doch da es bei den armen Leuten nichts zu holen gab, wurde er teilweise als solcher verherrlicht. Alle Straftaten, die in dieser Zeit begangen wurden, schob man bequemerweise ihm in die Schuhe. Kein Wunder also, dass sich die Volkskultur mit dem Phänomen Grasel beschäftigte, und so entstanden Grasellieder, Graseltänze, Theaterstücke und Gstanzln. Natürlich gab es auch genug Schadenfreude, weil er den Großen und Mächtigen trotz aller Bemühungen immer wieder durch die Finger schlüpfte. 1815 wurde er in Möртersdorf bei Horn in einem Gasthaus endlich verhaftet und nach Wien überführt. Am Samstag, den 31. Jänner 1818, wurden er und seine zwei Kumpane Ignaz Stangel und Jakob Fähding auf dem Glacis in Wien hingerichtet. Grasel war erst 27 Jahre alt. Noch heute beschäftigt Grasel die Fantasie der Waldviertler, und es gibt wohl an die hundert Graselhöhlen im Lande, die der berüchtigte Räuber in der kurzen Zeit seines Lebens unmöglich alle bewohnen hat können.

Herbst

14 Tage

Horn
Eggenburg
Gallien
Hardegg
Drosendorf
Raabs
Litschau
Blockheide
Schweiggers
Unserfrau -
Mandlstein
Weitra

Herbst

Wieder einmal ist so weit, meine Herbstrunde beginnt. Frühmorgens fahre ich mit der Franz-Josef-Bahn nach Sigmundsherberg, wo ich in den Kamptalzug einsteige und in Horn wieder aussteige. Die Sonne ist zaghaft dabei den Morgennebel aufzubrechen. Bei Mold bietet sich ein wunderbarer Anblick zur „ebenen Erde und dem ersten Stock". Abgeerntete Kürbisse liegen in Reihe und Glied aufgefädelt auf der Erde, darüber lagert eine Nebelbank, in der sich von links und rechts Hochspannungsleitungen verlieren, und oberhalb erhebt sich die Wallfahrtskirche Maria Dreieichen. Helles Himmelsblau, in welchem Wolkenfetzen dahinziehen, krönt die Szenerie.

Knapp vor dem größten Wallfahrtsort des Waldviertels steige ich den „Briefträgersteig" aufwärts, komme an einer Bründlkapelle vorbei und

links: Der Hauptaltar der Wallfahrtskirche

Blick auf die Kirche zur Schmerzhaften Muttergottes

stehe unvermittelt vor der zweitürmigen Kirche zur Schmerzhaften Muttergottes. Der majestätisch über dem Land stehende Bau wurde 1744–1750 an Stelle eines kleinen Marienheiligtums errichtet und beeindruckt durch den hochbarocken Innenraum und dem Kuppelfresko von Paul Troger. Über dem Sakramentshäuschen des Hochaltars erkennt man das grüne Blattwerk von Eichen. Die verwaisten Buden der Devotionalienhändler links und rechts der Straße zeigen, dass dem Wallfahren früher einmal größere Bedeutung zukam. Ganz in der Nähe kann man eine der vielen Graselhöhlen besichtigen, und in einem umzäunten Waldstück findet man den Cholerafriedhof. Die Epidemie schlich sich infolge des Preußisch-Österreichischen Krieges in Teile des Waldviertels ein. Preußische Soldaten, die nach der siegreichen Schlacht bei Königgrätz, bei ihrem Marsch auf Wien in der Gegend einquartiert waren, schleppten den tödlichen Erreger ein. Am 4. August 1866 gab es an Ort und Stelle den ersten Toten, innerhalb weniger Wochen kamen 36 andere dazu. Tage-

Gespentischer Frühnebel zieht über das Land, gekrönt von der Wallfahrtskirche Maria Dreieichen.

Kühnring war im 12. Jahrhundert der Stammsitz der Kuenringer – Kirche, Rundkarner und verstürzte Mauerreste der ehemaligen Burg

lang wütete die Seuche und raffte ganze Familien dahin.

Ein paar Kilometer weiter komme ich nach Kühnring, einem Ort, der für die Geschichte des Oberen Waldviertels von großer Bedeutung ist. Von hier aus kolonialisierte das mächtige Geschlecht der Kuenringer das Obere Waldviertel. Azzo, ihr Stammherr, hatte seinen Sitz in der Ortschaft, die damals „Hecemannswisa" hieß. Im Bereich der Kirchhofsmauer findet man vier gewaltige, verstürzte Mauerblöcke der Burg. Die Kreuzigungsszene wächst aus den Trümmern solch einer Mauer heraus. Neben der Kirche steht ein runder Karner mit einem östlichen Apsidenerker. Schautafeln berichten über das mächtige Ge-

Die Kreuzigungsszene steht ebenfalls auf den Mauerresten der Burg.

schlecht der Kuenringer, welche wesentlich an der wirtschaftlichen und kulturellen Entwicklung des Waldviertels beteiligt waren. Ihnen verdanken wir großartige Bauwerke wie das Stift Zwettl, die Burg Rapottenstein, die Ruine Arbesbach, aber auch so wehrhafte Städte wie zum Beispiel Weitra, Zwettl, und die Wachauer Burgruinen Dürnstein und Aggstein. Im Stift Zwettl findet man die berühmte „Bärenhaut" mit dem Stammbaum der Kuenringer. Mit dem Tode von Johann VI. Ladislaus von Kuenring am 9. Dezember 1594 ging die gewaltige Ära dieses mächtigen Geschlechts zu Ende.

Auf einem Feldweg Richtung Eggenburg stoße ich auf eine interessante Sandgrube. Bei Grabungen des Instituts für Paläontologie der Universität Wien und der Krahuletz-Gesellschaft aus Eggenburg entdeckte man an dieser Stelle

Die Pfarrkiche St. Stephan, im Vordergrund die Stadtmauer mit dem Zwinger

Skelette einer Seekuhherde, die hier infolge einer Sturmflutkatastrophe ihr Ende fand. Diese und andere Funde sind im Krahuletzmuseum Eggenburg ausgestellt. Dr. Fritz Steininger, Geologe und Paläontologe, hat bei zahlreichen Ausgrabungen in der Umgebung eine maßgebliche Rolle gespielt.

Ein paar Schritte weiter komme ich zu einem riesigen Kürbisfeld, die gelbgrünen Früchte bieten ein malerisches Bild. Gleich darauf bin ich in Eggenburg, an der Nahtstelle von Wald- und Weinviertel. Die mittelalterliche Befestigungsanlage zeigt auf einer Länge von fast zwei Kilometern ein gut erhaltenes Wehrsystem mit Ringmauer, Zwinger und Türmen. Ein Teil der Stadtmauer ist begehbar und bietet einen schönen Ausblick auf die Altstadt. Der einheimische Künstler De Gaspari hat hier den „Turm des

Schöne Bürgerhäuser schmücken den Hauptplatz von Eggenburg.

Friedens" künstlerisch gestaltet. Szenen aus den großen Weltreligionen sind zu bestaunen wie der Stephansdom in Wien, die Wallfahrtskirche Maria Dreieichen, der Felsendom in Jerusalem, eine jüdische Menora und etliche andere religiöse Symbole. Am Hauptplatz stehen wunderschöne, ziergiebelige Bürgerhäuser, teilweise mit Sgraffiti, die Dreifaltigkeitssäule, die Mariensäule und der Pranger. In der Mitte des Platzes hat man vor fünfhundert Jahren das sogenannte Grätzel hingestellt, einen Teil der inneren Stadtbefestigung. Die größte Sehenswürdigkeit der Stadtmauerstadt Eggenburg ist zweifelsohne die Pfarrkirche St. Stephan. Die Pfarrkirche St. Stephan ist das dominierende Wahrzeichen der Stadt. Die beiden markanten Türme mit ihren Rundbogenfenstern waren Teil des romanischen Vorgängerbaus aus

dem 12. Jahrhundert. Die dreischiffige spätgotische Halle ist durch fein gearbeitete Bündelpfeiler aus Sandstein gegliedert, welche das aufwändig gestaltete Netzrippengewölbe tragen. Der neugotische Hochaltar ist mit zahlreichen Figuren bestückt. Mein Blick fällt auf die prächtige Kirchenväterkanzel. Die Inschrift 1515 gibt an, dass sie fast gleichzeitig mit der berühmten Kanzel im Wiener Stephansdom entstand, und die Ähnlichkeit ist wahrlich verblüffend. In der reich ausgestatteten Kirche sind noch vielerlei Kostbarkeiten zu sehen. Sie zählt zu den größten Kirchen Niederösterreichs.

Aber Eggenburg birgt noch einen weiteren Schatz, nämlich das bereits erwähnte Krahuletzmuseum. Johann Krahuletz (1848–1928) war ein Pionier und beschäftigte sich mit Erdgeschichte, Archäologie, Kunstgeschichte und Volkskunde. Das Museum wurde 1902 eröffnet, als damals erstes Museum in Niederösterreich. Die ausgestellten Sammlungen sind reichlich und gut dokumentiert. Mich persönlich faszinieren am meisten die beiden Abteilungen Erdwissenschaften und Menschheitsgeschichte. Rund um Eggenburg liegen viele Sandgruben, in denen man immer wieder Fossilien des „Eggenburger Meeres“ vor 20 Millionen Jahren und der Urdonau vor 11 Millionen Jahren findet.

links: Die Pfarrkirche St. Stephan ist das dominierende Wahrzeichen der Stadt.

Zu Mittag esse ich eine Kleinigkeit im Cafe Weiser, das die Schwiegertochter von meinem Kollegen Rudi Weiser, dem Nachtwächter von Eggenburg betreibt, und verlasse anschließend die schöne Stadt durch das Karlstal Richtung Meiselsdorfer Teich. Der Herbst zeigt sich in den buntesten Farben, die Luft ist klar und frisch, das Gehen ein Genuss. Die Fülle ist unüberschaubar. Brombeerhecken, blutrote Hagebutten, Schlehensträucher mit ihren samtig blauen Kugeln, üppige Zweige mit Holunderbeeren säumen meinen Weg, und in den Gärten am Stadtrand biegen sich die Äste mit rotbackigen Äpfeln und blauen Zwetschken. Viele der Bäume tragen noch ihre grünen Blätter, doch dazwischen leuchtet es in Gelb, Orange und Rot. Plötzlich liegt eine Ruine vor mir, die Mauerreste von Strauchwerk überwuchert. Es ist der Wiesenhof, ein ehemals großer Gutshof, der von einem erzürnten Knecht in Brand gesetzt wurde. An einem Baum daneben ist der gelbe Markierungspfeil „Meiseldorfer Teich“ zu lesen. Irgendwer hat einen weißen Zettel mit der Aufschrift „Vorsicht! Wolf gesichtet!“ darauf geklebt. Ich weiß nicht, ob tatsächlich einer hier war, oder ob sich irgendein Spaßvogel einen Scherz erlaubt hat. Es ist mir auf meinen Wanderungen schon öfters passiert, dass Markierungen, Hinweistafeln und Ähnliches auf unerklärliche Art und Weise verschwunden sind. Nicht alle unserer Mitmenschen sind begeistert von Wanderern, die auf ihren Wegen herumtrampeln. Andererseits gibt es auch Wanderer, die überall ihren Müll liegen lassen, und beides ist nicht gut.

Dafür ist die Landschaft umso schöner. Ein grasiger Weg führt mich an einer hohen Dornenhecke entlang, links ist ein frisch gepflügtes Feld, und vor mir baut sich ein Wäldchen auf im bunten Gewand des Herbstes. Der Wind säuselt durch das Geäst, und urplötzlich ziehen dunkle Wolken auf. In Rodingersdorf hat man die Kirche neu eingedeckt und sich was dabei gedacht. Hellblaue, dunkelblaue und weiße Dachziegel weben nicht nur das Ortswappen in das Dachmuster, sondern auch allerlei anderer Zierrat. Das Blau des Daches, so scheint es, pflanzt sich übergangslos im gewittrigen Blau der Wolkendecke fort. Ein paar Kilometer weiter baut sich gänzlich unvermittelt ein merkwürdiges Bauwerk über den Fichtenwipfeln auf, es ist die Papstwarte mit einem Kreuz an der Spitze. Sie wurde 1983 anlässlich des Besuches von Papst Johannes Paul II. in Österreich errichtet. Nicht aus Holz, wie die meisten anderen im Lande, sondern aus Beton. Die Stiegen schrauben sich entlang der Mittelsäule bis zu einem 5 m hohem Kreuz an der Spitze in die Höhe.

Starker Wind kommt auf, zerreißt die Wolkendecke und treibt die Wolkenfetzen in einem bizarren Muster gegen Westen. Vor Doberndorf misstraue ich plötzlich, aus welchen Gründen auch immer, meiner Wanderkarte und biege vor dem Dorf in einen Feldweg ein. Rein intuitiv habe ich wieder einmal den falschen Weg gewählt, komme an einem Feld vorbei, wo ein Bauer pflügt. Der Traktor ist laut, mein Geschrei zu leise, also hört er mich nicht. Ich gehe weiter und irre im Wald herum, wo es immer dunkler wird. Als ich endlich aus dem Wald bin, sehe ich vor mir eine große Baustelle, wo man dabei ist, Teiche anzulegen. Über Steine, Dreck und Matsch klettere ich die Böschung hinauf zur Straße. Gehe ein Stück weiter und stehe vor zwei Holzmasten, zwischen denen der Schriftzug „Gallien" hängt. Spät, aber doch, bin ich an meinem Ziel angelangt.

Es ist neunzehn Uhr und dunkel. In der Ferne sehe ich ein beleuchtetes Blockhaus. Eine Handvoll Gäste sitzt im urgemütlichen Gastzimmer, in der Mitte des Raums steht ein riesiger gemauerter Ofen. Bruno begrüßt mich.

„I hob scho glaubt, du kummst nimma, es is ja scho stockfinsta!"

Ich erzähle ihm von meinem Irrweg im Wald. Bruno lacht, die Gäste lachen, also lache ich auch, obwohl mir im Wald kurz zuvor noch nicht danach war. Da habe ich mich geärgert, als mir klar wurde, dass ich nur ein paar hundert Meter weiter in die Ortschaft gehen hätte müssen, wo ich links auf einem bequemen, vor allem aber kürzeren Weg nach Gallien gekommen wäre. Selber schuld, doch es soll nichts Schlimmeres passieren, jetzt bin ich ja da. Moni, die nette Wirtin, bietet mir einen Rindsbraten an, und ich schlage ein. Das viele Holz gibt dem Lokal einen bodenständig-rustikalen Charakter, ich fühle mich auf An-

Eine Herde Schäfchenwolken treibt über den Abendhimmel, die Spitze der Papstwarte sticht aus den Fichtenwipfeln empor.

hieb wohl. Die Gäste, die am Nebentisch mit Bruno diskutieren, sind Waldbesitzer, und es dreht sich alles um das Käferholz. Durch die Trockenheit, bedingt durch den Klimawandel, haben sich Schädlinge wie der Borkenkäfer derartig schnell ausgebreitet, dass man im Bezirk Horn allein 260.000 Festmeter Holz schlagen musste. Das ist ein riesiger Schaden für die Waldbesitzer, da das Holz viel an Wert verliert. Ich bin froh, weder viel Geld noch viel Besitz zu haben und lasse mir den Appetit nicht verderben. Da ich mordsmäßig müde bin von einer anstrengenden und langen Etappe beteilige ich mich nicht länger an der Diskussion und lasse mir von Bruno zeigen, wie ich zu meinem Blockhaus kommen. Ich beziehe mein Quartier, fünf Personen hätten hier Platz, es gibt ein kleines Bad und eine große Wohnküche, wo man sich auch selbst versorgen kann. Ein Ofen steht dort, das Feuerholz liegt daneben, doch das Einzige, was ich noch brauche, ist ein Bett für meine müden Knochen!

Beim Frühstück nehmen sich Bruno und Moni Zeit für mich. Ich habe die beiden bei der Ferienmesse in Wien vor einigen Jahren kennengelernt. Sie haben Werbung für ihr kleines Paradies gemacht, ich bin am hellen Tag dort als Nachtwächter von Weitra durch die Hallen marschiert und habe Prospekte verteilt. Begonnen hat alles, als er einen Bagger gekauft hat, erklärt mir Bruno. Zuerst hat er die Fischteiche angelegt, dann die finnischen Blockhäuser für Fischer. Ein Berater der Kammer hat ihm geraten, ein Gasthaus aufzumachen, und so kam eines zum andern. Das Tal im Besitz der Familie Toifl ist gut eineinhalb Kilometer lang, und eine Attraktion reiht sich an die nächste. So gibt es nun das Restaurant mit einer schönen Terrasse, drei Fischteiche, ein Seminarhaus mit Schnapsbrennerei, fünf Blockhäuser und fünf Tipis, in denen 8–10 Personen im Schlaf-

Thema Nr. 1 an diesem Abend – der riesige Schaden, den die Borkenkäfer und andere Schädlinge im Wald anrichten.

Gallien – Ein ganzes Tal als Urlaubsort. Ein Paradies für alle, die Erholung in unverfälschter Natur suchen!

Die Klosterkirche von Pernegg
hoch am Horizont

sack übernachten können. Ganz hinten im Tal weiden Angus-Rinder, es gibt eine Schweinezucht und ein Traktor-Oldtimermuseum. Zahlreiche Veranstaltungen wie ein Traktortreffen, Stelzenessen, Abfischfest und vieles andere mehr ziehen Tausende von Gästen an. Bruno Toifl hat hier mit seiner Moni Einzigartiges geschaffen, und ich reihe die beiden in meiner Ehrengalerie Waldviertler Pioniere an vorderster Stelle ein.

Bruno und Moni Toifl

Der Wanderweg zum Kloster Pernegg führt durch das ganze Galliental und ist wunderschön. Auf einer Anhöhe komme ich aus dem Tal hinaus und sehe am Horizont die Stiftskirche hoch über dem Wald. Da hier allerorten Laubwald vorherrscht, ist es eine Orgie an allen herbstlichen Farben, welche sich vor mir ausbreitet Die Wolkendecke ist wieder dicht geschlossen, lässt nur dann und wann ein paar Sonnenstrahlen auf das buntgescheckte Land fallen. Beim Stift angekom-

Das zarte Rippennetzgewölbe mit schönem Deckenstern

men, habe ich wieder einmal unverschämtes Glück. Ein Wiener Reisebus mit der Aufschrift „Vergissmeinnicht-Reisen“ steht vor dem befestigten Kloster, und ich bin so keck und schließe mich der Führung an. Die Klosterkirche ist grandios und die neuen Glasfenster im Chor, von einer jungen Künstlerin gestaltet, überschütten den Altarraum mit hellem, warmem Licht. Ich stehe wie gebannt in der riesigen Saalkirche und fühle ein eigenartiges Gefühl in mir aufsteigen. Hier könnte man wieder zu glauben beginnen, hier fühlt man sich wohl in einer Atmosphäre von Gefühl und Leichtigkeit. Durch die seitlich angebauten Emporen strömt Licht herein und wirft grazile Schattenmuster an die Wände.

Ich bleibe eine Weile sitzen und halte inne. Solche Momente sind ein Lohn für die harte Arbeit auf dem Weg. Kontemplation, Meditation, das In-sich-Hineinhören, Zu-sich-Kommen sind die wunderbarsten Empfindungen, welche der Wanderer mit all seinen Sinnen erlebt, verspürt, erfährt. Die Führung ist zu Ende und ich verlasse mit der Gruppe die wunderschöne Stiftskirche. Das Kloster selbst ist heute ein „Ort der Stille“, ein Fastenzentrum mit 50 Zimmern, wo man verschiedene Kurse wie Yoga, Heilfasten, Malen, Gesundheit, Selbstfindung und Ähnliches mehr anbietet.

Mir bleibt leider nicht viel Zeit zur Selbstfindung, doch ich bin motiviert genug, um weiterzumarschieren. Mein Weg führt mich nun nach Nordwesten, dem Thayatal zu, ich lasse Hölzelsdorf und Dallein hinter mir liegen. Plötzlich hält ein Auto, und ich werde gefragt, ob ich mitfahren will. Mir kommt das Angebot zur rechten Zeit, denn bis Hardegg hätte ich es nicht mehr geschafft. Das Ehepaar Kulhanek aus Mallersbach liefert mich direkt am Parkplatz vor der Ruine Kaja ab, und ich verspreche ihnen, mich mit einem Buch für ihre Freundlichkeit zu bedanken.

Die Burgruine erhebt sich auf einem Felssporn hoch über dem Kajabach, der ein Stück unterhalb in die Thaya mündet. An der Tür des Vorwerks steht zu lesen, dass die Burg bei Schönwetter ge-

öffnet ist. Nun ist es zwar schön an diesem späten Nachmittag, doch es ist trotzdem zu. So kann ich die ehemaligen zugbrücken- und fallgitterbewehrten Toranlagen, die spätmittelalterliche Burgkapelle, den Bergfried und den Palas nur erahnen. Im Sommer gibt es hier Theater und Konzerte, und ich kann mir gut vorstellen, dass die Ruine dazu ein prächtiges Ambiente bietet. Die „Chiower" waren einst mächtige Ritter, die auch beim Aufstand gegen die Babenberger beteiligt waren. Und Ulrich von Liechtenstein berichtet von seinem Tjost mit dem von Kaja zu Korneuburg im Jahre 1227 Folgendes: „... do kom der starke man von kyowe unde de rande mich an: sin sper er durch den schilt mir stach, daz man vile verre hort den krach …"

Die Burgruine Kaja am Rande des Thayatal Nationlparks

Ich gehe den kleinen Bach entlang hinunter zur Thaya und bin damit bereits im Nationalpark. Der Fluss ist herrlich naturbelassen, mit jeder Menge Altholz und Steinen im klaren Nass, auf denen sich Grasbüschel und Moospolster angesiedelt haben. In kleinen Buchten kräuselt sich das Kehrwasser, und Laubteppiche treiben träge den Fluss hinab. Eine zweigeteilte Tafel steht am Ufer. Auf der oberen Hälfte ist in roter Schrift „Achtung Staatsgrenze" zu lesen, auf der unteren, kleineren Hälfte in Schwarz gehalten „Flußmitte". Der Thayatal-

Blick vom Umlaufberg in das tiefe Tal der Thaya

weg geht nun steil den Hang hinauf, ich bin auf dem Überstieg des Umlaufberges. Der herrliche Panoramablick lohnt die schweißtreibende Anstrengung. Die Thaya macht unter mir die Schlinge, um alsbald in einer neuen Schlinge zu landen. Die herbstliche Färbelung ist noch nicht an ihrem Höhepunkt angelangt, und so ist der grüne Laubwald vorerst nur zaghaft von Gelb und Orange durchsetzt. Auf der anderen Seite des Felsens geht es wieder hinunter ins Tal. Immer wieder liegen Bäume oder auch einzelne Äste im Wasser, strecken ihre Arme dem Himmel zu. Wunderschön spiegelt sich das gegenseitige Ufer, alles rings um mich strömt Ruhe und Gelassenheit aus, tut dem Auge und der Seele wohl. Bald komme ich zu einem breiten Wehr, sehe die berühmte Grenzbrücke und das

ehemalige tschechische Zollhaus am anderen Ufer. Das Bild der Brücke, deren tschechische Hälfte in der Ostblockzeit aller Bohlen entledigt war, ist wohl allen bekannt.

Hardegg ist zwar die kleinste Stadt Österreichs, aber wegen seiner großartigen Lage eine der schönsten. Die riesige Burganlage auf pittoreskem Fels gehört zu den eindruckvollsten im ganzen Land. Links ist der älteste Teil der Burg zu sehen, rechts der neuere Teil. Im Inneren gibt

Die Staatsgrenze liegt exakt in der Mitte der Thaya.

es eine Ausstellung über Kaiser Maximilian von Mexiko und eine großartige Waffensammlung. Wahrscheinlich bestand hier schon im 10. Jahrhundert eine Holzburg, weitere Teile stammen aus dem 11. und 12. Jahrhundert. Spätere Ausbauten gab es noch im 15. und 16. Jahrhundert. Die Burg ist im Besitz der Grafen Pilati und ist zu

besichtigen. Besonders schön ist der Anblick von der Straße nach Retz. Ich beziehe mein Quartier in der Alten Hammerschmiede. Als ich vor zwei Jahren mit einer Busgruppe dort zu Mittag einkehrte, stellte ich mich der Seniorchefin als Nachtwächter von Weitra vor.

„Wollns net zu uns nach Hardegg kommen, der unsere ist leider gestorben", fragte sie mich.

„Kann ich ja nicht, muss ja in Weitra gehn", lautete meine logische Antwort.

Doch die Hardegger sind findige Leute und hatten eine gute Idee. Nun steht eine lebensgroße Silhouette des alten Nachtwächters an den Sehenswürdigkeiten der Stadt und hält eine Tafel in der Hand mit den Daten und Fakten. Außerdem gibt es ein Nachtwächterbrevier, in dem man Interessantes über den Ort, seine Geschichte und die seiner Bewohner findet. Neben der Kirche steht ein Rundkarner, und in der Kirche sind noch Spuren aus der Reformationszeit zu finden, als der Ort protestantisch war. So sieht man über dem Hauptaltar den Spruch „Mein Haus ist ein Bethaus", der typisch für protestantische Kirchen ist. Auf der Außenwand sind einige steinerne Figuren zu sehen, bei denen man merkt, dass sie erst nachträglich hier angefügt wurden. Es sind ein Edelmann in höfischer Tracht, ein Ritter und darüber Frau und Kind. Der Verdacht liegt nahe, dass es sich um protestantische Personen handelt, die bei der Gegenformation von den Katholiken aus dem Kircheninneren nach außen verbannt wurden.

links: Die Burg Hardegg thront hoch über der kleinen Stadt.

Vom Maxplateau aus bietet sich ein großartiger Ausblick auf Burg und Stadt.

Nach einem kräftigen Frühstück steige ich auf das Maxplateau hinauf. Sehr, sehr steil, sehr, sehr

Die aufgeputzten Perlmuttknöpfe in der Werkstatt strahlen um die Wette.

steinig, und meine Knie werden immer weicher. Doch oben angelangt werde ich tausendfach entschädigt. Der Blick hinunter ist wahrhaft atemberaubend. Über dem Tal erhebt sich die Burg, diesmal ist mir der älteste, ruinöse Teil zugewandt. Rechts erkennt man den Uhrturm, der der Burg vorgelagert ist. Über der tief eingeschnittenen Thaya liegt ein zarter Nebelschleier, der Himmel zeigt sich in morgendlichem Hellblau, durchzogen von dünnen Wolkenstreifen. Links unterhalb der Burg liegt der kleine Ort, die Kirche mit dem Karner auf halber Höhe dazwischen. Das gegenüberliegende Ufer gehört bereits zu Tschechien. Der Nationalpark Thayatal mit seiner ganz besonderen Flora und Fauna erstreckt sich über beide Länder. Ein Informationszentrum gibt Auskunft darüber, und es sind Führungen mög-

Der Schlossteich von Ruegers

lich. Die Lieblinge des Publikums sind dort die beiden Wildkatzen Frieda und Carlo.

Doch Wandergesellen müssen weiterziehen, können nicht überall verweilen, wo es ihnen gefällt. Mein Weg führt mich westwärts weiter, und in Felling besuche ich zum x-ten Male die Perlmuttschleiferei. Roland Matejka führt sie in der dritten Generation, und sie ist die letzte ihrer Art in Österreich. Besucher erfahren in einem Film alles über Muscheln und Perlmutt. Noch vor hundert Jahren fand man sie in der Thaya, doch nun werden sie hauptsächlich aus Indonesien importiert. Besonders beeindruckt hat mich die Wand in der Werkstätte, wo man Tausende von Perlmuttknöpfen verschiedener Größen aufgeputzt hat, die in allen nur erdenklichen Farben schimmern. Im Verkaufsraum kann man von Knöpfen

Der barocke Prunkbau zählt zu den eindrucksvollsten Schlössern des Landes.

bis hin zum Schmuck alles erstehen, was sich eben aus diesem natürlichen Werkstoff machen lässt. Zwei Kilometer weiter bin ich in Riegersburg. Am unteren Ende des großen Schlossteiches ist ein Zelt aufgebaut, und drei Fischruten ruhen auf einem Gestell, die Blinker im Wasser. Ein junger Mann steht in der Nähe und erklärt mir, dass sie hier die Nacht über campiert hatten, aber ihnen noch kein Anglerglück beschieden worden sei.

Ein Boot liegt am Ufer, gegenüber spiegelt sich das Schloss Riegersburg im Wasser. Es trägt nun wieder seinen alten Namen „Ruegers", da es immer wieder zu Verwechslungen mit der berühmten Riegersburg in der Steiermark kam. Das Schloss zählt zu den künstlerisch bedeutendsten im Waldviertel. Der große Haupttrakt mit Zelt-

oben: Das Prämonstratenserstift Geras wurde 1153 gegründet, im Laufe der Jahrhunderte immer wieder zerstört und neu aufgebaut.
unten: Der Stiftshof

dach und Dreiecksgiebel ist eine Schöpfung von Josef Emanuel Fischer von Erlach, gekrönt von der hohen Figur eines Atlanten. Zahlreiche allegorische Steinfiguren zieren das Mitteldach wie Stärke, Tapferkeit und Gerechtigkeit, am Giebel sind Ruhm und Ehre zu sehen. Das Schloss ist ebenfalls im Besitz der Familie Pilati. Der junge Schlossherr Octavian erzählt dann und wann interessierten Besuchern, dass er bereits mit fünf Jahren den kopflosen Ritter gesehen hat, der angeblich auch heute noch im Schloss herumspukt. Um ein bisschen Zeit aufzuholen, fahre ich mit dem Bus nach Geras weiter.

Das große Prämonstratenser-Stift wurde Mitte des 12. Jahrhunderts errichtet und ist das nördlichste Stift des Waldviertels. Ein Gang durch die Innenhöfe und Gärten schenkt Ruhe und Gelassenheit, man fühlt sich sicher und geborgen. Oder geht es nur mir so? Obwohl ich schon oft hier war, beeindruckt mich die Stiftskirche immer wieder von Neuem. Die Vielfalt an Farben und ihrem Zusammenspiel mit den Altären, Fresken und dem Stuckmarmor vereinigen sich zu einem harmonischen Gesamtbild. Immer wieder streicht meine Hand über die Glätte der Kanzel, glaube

Ein großartiger Anblick – die Kirche Peter und Paul in der Altsta; hoch oben am Berg die Stadtmauerstadt Drosendorf

ich Struktur und Kühle des Marmors zu verspüren, doch es ist Stuckmarmor, auch Scheinmarmor genannt. Von einem Stuckateur hergestellt, ist es ein Imitat des echten Marmors, bei dem mehrere Schichten farbiger Edelputz aufgetragen und mit venezianischer Seife geglättet werden. Im Zentrum des Säulenaltars steht die Figur „Unsere Liebe Frau von Geras“, links und rechts im Altarraum ist schön intarsiertes Chorgestühl zu bestaunen, und die Fresken der Decke sind durch phantasievolle, ungemein plastische Ornament- und Rahmenmalerei miteinander verbunden.

Ich verweile einige Minuten in der Stille des großartigen Gotteshauses und versuche mir vorzustellen, wie hier Generationen von Mönchen Gebet, Meditation und Kontemplation gelebt haben. Zum Abschluss gehe ich über die

Straße in den Kräutergarten. Hier findet man jede Menge an Heilkräutern, versehen mit Schildern über ihre Art und Wirkung. Zur Klosteranlage gehört auch ein wunderschöner Meierhof und ein gut renovierter Schüttkasten, in dem sich heute ein Hotel befindet. Während des Sommers kann man im Stift Seminare und Kurse verschiedener Art besuchen.

So lange habe ich leider keine Zeit, und mein Weg führt mich nordwärts, wieder der Thaya zu. Strahlender Sonnenschein begleitet mich, und das ganze Land strahlt in herbstlicher Pracht. Vor Kottaun begegnet mir ein Schwammerlsucher im Wald, ich rede ihn an, er schaut mich an und schweigt. Es ist eine Duplizität der Ereignisse. Der Tscheche spricht nicht deutsch, der Österreicher nicht tschechisch. So nicken wir uns nur kurz zu und gehen unsere Wege getrennt weiter. Eine Stunde später finde ich die Markierung nicht, entweder war keine da, oder ich habe sie übersehen. Gehe links statt geradeaus, stehe plötzlich vor der Hirschbergmühle und siehe da, es gibt ein Schild „Drosendorf Altstadt". Es geht steil bergauf, von rechts stößt der markierte Wanderweg auf die Straße, hurra, ich bin wieder auf dem richtigen Weg gelandet. Oben am Berg bietet sich ein prächtiges Panorama. Die Altstadt Drosendorf liegt unter mir mit der schönen Kirche Peter und Paul. Am Gegenhang aber liegt die Stadtmauerstadt Drosendorf, umringt von ihrer zur Gänze noch erhaltenen Stadtmauer. Die untergehende Sonne hängt tief über der Kammlinie und verzaubert mit ihren letzten Strahlen die Landschaft.

Ich bleibe unten im Tal und beziehe mein Quartier im Gasthaus „Zur Hammerschmiede". Es ist Samstag, und ein wunderschöner warmer Wandertag liegt hinter mir. Eine heiße Dusche tut meinem geschundenen Rücken und den müden Beinen wohl. Mein Rucksack ist an die zwölf Kilogramm schwer, wovon die Hälfte des Gewichts allein meine Fotoausrüstung ausmacht. Nach einem kurzen Schläfchen gehe ich in die Gaststube, vertilge dort einen wohlschmeckenden Krautstrudel und trinke zwei große Radler dazu. Die Wirtin, Frau Schneider senior, setzt sich zu mir und erzählt mir, warum man hierorts zwischen „Stadt Drosendorf" und „Altstadt Drosendorf" unterscheidet. Die Altstadt im Tale wurde immer wieder niedergebrannt und zerstört, deshalb ließen die Grafen von Pernegg in den Jahren zwischen 1180 und 1200 hoch auf einem Felssporn oberhalb der Thaya eine befestigte Marktsiedlung anlegen. Diese war ursprünglich nur mit Wällen und Palisaden befestigt, erst in den nächsten Jahrzehnten errichtete man die Ringmauer. Als 1278 der Entscheidungskampf zwischen dem Habsburger Rudolf I. und dem Böhmenkönig Przemysl Ottokar II. entbrannte, erwartete Stephan von Maissau das Heer Ottokars in Drosendorf. Ottokar verlor vor den gut verteidigten Mauern 16 wertvolle Tage. Rudolf konnte diese unverhoffte Atempause zu weiteren Vorbereitun-

Das prächtige Rathaus von Drosendorf, daneben das Bergamtshaus

gen nützen und bald darauf die Schlacht von Dürnkrut für sich entscheiden. Im Dreißigjährigen Krieg wurde die Stadt ebenfalls erfolglos belagert. und eine spöttische Aufschrift an einem Haus weist darauf hin, dass dabei nur ein „einziges Schwein an seinem Rüssel verletzt wurde“.

Die Wirtin ist aber nicht nur eine historische Fundgrube für mich, sondern auch auf metaphysisch-esoterischem Gebiet. Eine gute Stunde sitzen wir beisammen, und irgendwann fällt das ominöse Datum 12.12.2012, wo bekanntlich der prognostizierte Weltuntergang nach dem Maya-Kalender eben nicht stattfand. Sie erklärt mir diese Fehlinterpretation folgendermaßen: Alle 2.150 Jahre wechselt die Sonne durch die Erdrotation in ein anderes Sternenbild, derzeit eben von dem der Fische in das des Wassermanns. Das Wassermannzeitalter steht für das Streben nach einem höheren Bewusstsein, Freiheit, Frieden, Wachstum und Fortschritt. Seiner Aussage nach wird die Menschheit in den kommenden Jahrhunderten ihre innere Ruhe finden. Ich sehe das als gutes Omen und hoffe, dass auch unsere Politiker davon Bescheid wissen, denn am nächsten Tag ist Nationalratswahl.

Ich habe vorsorglich per Briefwahl meine Stimme abgegeben. Nach einem kräftigen Frühstück steige ich durch eine wunderschöne Allee den Berg zur Stadtmauer hinauf. Die kleine Stadt ist wahrhaft reich an Sehenswürdigkeiten. Am Platz steht das Rathaus mit seinen sehenswerten Sgraffiti, daneben das Bergamtshaus im Renaissance-Stil errichtet von Melchior Paumann, dem Besitzer des Alaunbergwerks in Niederthumeritz, wo in den Jahren 1558 bis 1592 Alaun abgebaut wurde. Dieses fand als Ätz- und Bleichmittel in den Färbereien und bei der Papierherstellung Verwendung. Bis 1880 gab es hier eine Kerzengießerei und Seifensiederei, außerdem verfügt es über zwei geheimnisvolle Felsenkeller. Die „Weiße Frau von Drosendorf" soll hier spuken und die Bewohner vor kommendem Unheil warnen. Dem Vernehmen nach geht sie langsam durch das Vorhaus, richtet dann ihren Blick in die Mehlkammer, um alsbald darauf auf der Veranda zu verschwinden. Bei Mondlicht kann man sie dann und wann im Hofe stehen sehen.

Die Kirche, gegenüber auf dem Anger, ist dem Hl. Martin gewidmet und birgt eine Kuriosität. In einem barocken Glassarg sind die sterblichen Überreste der Hl. Valentina aus dem 3. Jahrhundert zu sehen, die ehemals in einer römischen Katakombe untergebracht waren. Papst Clemens XI. hat sie 1702 Katharina Eleonora Gräfin Lamberg zum Geschenk gemacht. Zuerst stellte man die schaurige, teils in prunkvolle Gewänder gehüllte Mumie in der Schlosskapelle aus, zwei Jahre später übersiedelte sie in die Pfarrkirche.

Der Hauptplatz in Drosendorf ist zauberhaft, man fühlt sich direkt in eine andere Welt versetzt. Zahlreiche ziergiebelige Häuser geben dem Ort einen malerischen Anstrich. Eine hohe Prangersäule steht hier, die prächtige Dreifaltigkeitssäule daneben erstrahlt in hellem Weiß. Mächtige alte Bäume säumen die Straßen, gelbes Herbstlaub sprenkelt den Rasen darunter und es freut mich,

*Ein makabrer Anblick –
die Mumie der Hl. Valentina*

Wunderschöne Bürgerhäuser säumen den Platz.

dass diese herrlichen Bäume noch nicht der Kettensäge zum Opfer gefallen sind wie anderswo. Ich schlendere durch die Gassen, statte dem Schloss mit den weißen Putzkassetten auf lila Grund einen Besuch ab und steige dann in den Burggraben hinunter. Alles ist hier zu finden, was einem Freund des Mittelalters das Herz erfreut. Breitmächtige, quadratische Türme beim Hornertor, Bogenbrücken und steinerne Stufen, und vor allem die hohe Mauer. Abschließend werfe ich einen Blick durch die offene Tür des Bürgerspitals und falle wieder einmal auf. Denn in dem alten Gewölbe ist das Wahllokal eingerichtet, welches den Blick des Fotografen auf sich zieht. Also wende ich meine Kamera der gewölbten Decke zu, schieße ein Foto und eile schnell wieder hinaus. Plötzlich höre ich einen barschen Ruf hinter mir: „Was fotografieren sie hier, wissen sie nicht, dass das bei einer Wahl verboten ist?" Ein Mitglied der Wahlkommission hat mich bemerkt,verfolgt und gestellt. Er lässt sich erst wie-

Die Befestigungsanlagen von Drosendorf sind ein Paradebeispiel für eine hochmittelalteriche Burgsiedlung.

der beruhigen, als ich ihm auf dem Display das Bild zeige und damit erkläre, dass darauf nur das Gewölbe, nicht aber Personen abgebildet sind. Ich habe Glück, werde nicht im Gemeindekotter inhaftiert und kann die wunderschöne Stadt wieder verlassen.

Vom Tal aus werfe ich noch einen Blick auf die großartig gelegene Stadt oben auf dem Berg und ziehe weiter, dem nächsten Höhepunkt entgegen. Irgendwo im Wald bei Luden versteckt sich die mystische Ruine der Gaberkirche. Aus welchen Gründen auch immer biege ich in den falschen Weg ein. Drei-oder viermal kreuzt ein Bächlein den Weg und zwingt mich durch die Furt. Auf einer Waldrodung treffe ich eine Bäuerin, die mir den richtigen Weg erklärt. Plötzlich und unerwartet ragt rechts des Weges eine hohe Mauer auf, ich bin an meinem Ziel angelangt. Ich habe nie viel von der einstigen Werbelinie des „Mystischen

Waldviertels“ gehalten, doch das hier ist Mystik pur. Hier stand ehemals die Gaberburg aus dem 13. Jahrhundert, die jedoch bereits zweihundert Jahre später als verödet galt. Einzig und allein die Reste der Burgkapelle sind noch vorhanden, überwuchert, dahindämmernd im Steinschlaf der Vergangenheit. Das Bruchsteinmauerwerk der Südseite ragt wohl acht, neun Meter empor. Ein schmales Fenster mit einem schönen gotischen Spitzbogen ist zu sehen, etwas höher ein steingefasstes, quadratisches. Ein schmaler Pfad führt rechts der Ruine bergan, die beiden Spitzbogenfenster des Chores starren mich an, toten Augen gleich. Ich trete in das offene Innere ein, ein junger Ahorn streckt mir seine Äste entgegen, hellgelb aufleuchtendes Herbstlaub setzt einen Kontrast zu dem graubraunen Mauerwerk. Drei meterhohe Reste von Netzrippen lassen erahnen, welch prächtiges Gewölbe diese Kapelle einstmals zierte. Niederes Gestrüpp wuchert überall, Moos und Gras wächst aus den Mauerfugen, und ich denke mir, zur falschen Zeit hier zu sein. Traurigkeit überfällt mich augenblicklich beim Anblick dieser Ruine, und ich stelle mir vor, wie herrlich diese Kapelle einmal gewesen sein muss. Der Himmel über mir ist von einem perfekten Himmelsblau, streifenweise dringen Sonnenstrahlen durch das verfallene Gemäuer, lassen einen Hauch vom Pathos längst vergangener Zeiten erahnen. Eigentlich, so schießt es mir durch den Kopf, sollte man sich mit so einem verfallenen Gemäuer bei Nacht und Nebel auseinandersetzen, bei Donner und Blitz eventuell, dann, wenn Fuchtelmänner in den Mauerresten herumtanzen

links: Mystik pur – die Ruine der Gaberkirche liegt versteckt im Wald.

Schloss Primmersdorf stammt im Kern aus dem 16. Jahrhundert.

Ein friedliches Bild – die Thaya bei Primmersdorf

und der Hehmann seine schrecklichen Rufe erschallen lässt. Mit einem letzten Blick zurück auf das imposante Mauerwerk verlasse ich den Wald.

Auf einer Anhöhe bei Autendorf sehe ich die Silhouetten zweier Reiterinnen hoch zu Ross. Eine Pferdekoppel liegt oben am Berg, ich marschiere daran vorbei um sogleich wieder in das Thayatal hinunterzusteigen. Malerisch neben dem Fluss liegt in herbstlicher Pracht das Schloss Primmersdorf. Die vierflügelige Schlossanlage stammt aus dem 16. Jahrhundert und war im Besitz der Textilkünstlerin Vesna, deren Atelier in Wien zu klein geworden war. Heute gehören ihr noch einige der Wirtschaftsgebäuden und der prächtige Schüttkasten, in dem immer wieder Ausstellungen, Konzerte und andere Veranstaltungen stattfinden. Im Schloss selbst befinden sich 14 Wohnungen, die vermietet oder verkauft wurden. Ein freundlicher Herr lässt mich einen Blick in den Innenhof machen. Den von Säulen getragenen Mittelteil des Schlosses ziert ein prächtiger Giebel. Schöne Bäume sind dabei ihr Laub abzuwerfen, und ich schreite über einen raschelnden Teppich. Der Torturm stammt wohl aus der ältesten Epoche.

Weiter geht es über eine Brücke. Das braune Wasser der Thaya fließt träge dahin, Insel aus bunten Blättern scheinen im Wasser Halt gemacht zu haben, ein alter Baum neigt sich dem Wasser zu, wie ein Greis, der seinen Stock verloren hat. Beide Ufer sind bewachsen, die Farben des Herbstes spiegeln sich im Wasser. Ein kurzes Stück weiter bin ich in Eibenstein, auch hier trutzt eine Burgruine auf hohem Fels über der Thaya. Der zerborstene Bergfried gibt den Blick auf sein Innerstes frei, leere Fensterluken im dachlosen Palas starren mich an, der Himmel ist von makellosem Blau, der grüne Föhrenwald den Hang hinauf gelb und orange getupft, das Wasser fließt seinen ewigen Lauf und des Wanderers Herz fließt über vor so viel Schönheit rings um ihn. Im Gasthaus Pulker esse ich zu Mittag, die Gaststube ist voll, es herrscht sonntägliche Stimmung. An einem Tisch sitzt ein älteres Ehepaar, und ich nehme dort Platz. Wir kommen ins Gespräch, es sind Wiener, die das Waldviertel lieben und so oft sie können hier her fahren. Ich erzähle von meiner Wanderung durch das ganze Land, natürlich aber auch von meiner schriftstellerischen Tätigkeit. Und wieder geschieht ein kleines Wunder – die Dame bestellt zwei Bücher bei mir! Sie gibt mir das Geld, ich verspreche ihr, die Bücher sofort nach meiner Ankunft in Weitra zu schicken, und ich kann es mir ersparen, meine schmale Börse zu zücken.

Die Ruine Eibenstein hoch über der Thaya

Glück gehabt! Mein Lebensmotto, mit offenen Augen und Herzen durch das Land zu gehen, hat sich wieder einmal bezahlt gemacht! Optimismus, Lebensfreude und eine positive Einstellung zur Umwelt haben mich auf all meinen Reisen und Wanderungen stets begleitet. Wenn die Gedanken frei von Sorgen und Nöten und alle Verpflichtungen über Bord geworfen sind, dann befinde ich mich in einem psychischen Hoch, und ich kann mich nicht erinnern, jemals auf einer Reise krank geworden zu sein. Als ich auf dem Jakobsweg durch die Schweiz ging, war mein rechtes Knie durch 900 Höhenmeter bergab bei Regen über klitschnasse Steine stark geschwollen. Die nächsten zwei Tage ging es mit Zähne Zusammenbeißen weiter, und am dritten Tag war das Knie wieder in Ordnung, so viel zur mobilen Selbstheilungskraft!

Von der Straße führt ein Lift zur Kirche hinauf, aber ich gehe den Weg über den Berg und erlebe mein nächstes Wunder. Die Sonne steht exakt hinter dem Zwiebelturm, und im Gegenlicht erkenne ich seidige Fäden, welche von der Turmspitze im Winkel von ca. 30 Grad wegstehen. Ich glaube meinen Augen nicht zu trauen, es sind tatsächlich sechs, sieben, acht Meter lange Spinnweben des Altweibersommers, ganze Bahnen davon! So ein Naturschauspiel war mir bislang fremd, und ich bedanke mich insgeheim bei all den Baldachinspinnen, die mir dieses wunderbare Schauspiel widmeten. Doch der seltsamen Erscheinungen war noch nicht genug. Wenig später hebt ein glänzendes Motorrad, aus Edelstahl gefertigt, von der Wiese ab, nur mehr mit dem Hinterrad auf festem Boden haftend. Der Fahrer trägt zwei mächtige Schwingen, und zwei Fragen drängen sich mir auf. Ist es ein Engel aus dem Himmel, der auf der Maschine sitzt, oder ist es ein verunglückter Motorradfahrer, der so rasch wie möglich hinauf will in himmlische Sphären? Oder ist das Gebilde nur der Phantasie des Künstlers entsprungen? Wieder ein Stück weiter lenkt eine wunderschöne Mühle den Blick auf mich. Ein schön geschwungener Giebel ziert das große Gebäude, in Gelb und Weiß gehalten. Daneben ein schöner Torbogen, das hölzerne Tor in Dunkelgrün, und alte Obstbäume strecken ihre nun kahlen Äste in das strahlende Himmelsblau. Körbe, voll gefüllt mit roten und gelben Äpfeln bieten dazu ein malerisches Ambiente. Jean-Jacques Rousseau mit seinen Betrachtungen über das gesunde Landleben hätte seine helle Freude damit gehabt. Schöner kann man sich eine Herbstlandschaft nicht ausmalen als diese Harmonie an Natur und Schöpfung, welche sich vor mir ausbreitet. Ein Atelier steht nahe der Mühle, mit Figuren aus Metall, die ihre Bedeutung nicht auf den ersten Blick verraten. Die einsame Lage

links: Die Pfarrkirche von Eibenstein – die Streifen des Altweibersommers am Turmkreuz glitzern im Gegenlicht!

Zahlreiche alte Mühlen sind entlang der Thaya zu finden.

der Mühle im Wiesengrund neben der Thaya gibt Auskunft darüber, warum sich Künstler und Schriftsteller so gerne in das Waldviertel zurückziehen. Man ist hier der Schöpfung eben näher als anderswo, und so es ist kein Wunder, dass kreative Geister da ihre Inspirationen finden.

Nach einer weiteren Mühle wendet sich der Weg von der Thaya ab und geht furchtbar steil den Berg hinauf, um bald danach wieder furchtbar steil zu ihr hinunterzuführen. Unten angekommen, stehe ich wieder vor einem prächtigen Gebäude, der Heidlmühle. Diesmal ganz in Weiß gehalten, mit roten Dächern und einem Tor mit einem spitzen Giebel. Der Weg, in der Mitte mit einem grasigen Streifen grün bebändert, führt in einem leichten Bogen zum Tor hinein. Ein Stück davor steht rechts ein Holzkreuz, mit einem blechernen Christus darauf, wohl ein Wetterkreuz,

Die Heidlmühle kurz vor Kollmitzgraben

wie es deren viele im Waldviertel gibt. Hinter der Mühle baut sich der Berghang wie eine Kulisse auf, das Grün der Nadelbäume immer wieder mit Streifen des gelben Laubes der Buchen durchsetzt. Alles, was ich sehe, strahlt Ruhe und Geborgenheit aus, es ist wahrhaftig ein wunderbarer Platz zum Ausruhen und Zu-sich-Kommen. Ein paar Wochen später erfahre ich durch Zufall, dass das prächtige Anwesen Tochter und Schwiegersohn eines Schulfreundes gehört, die sich hier vom Trubel der Großstadt erholen.

Eine Flussbiegung weiter und ich stehe vor einer der größten Ruinen Österreichs, der Ruine Kollmitz. Hoch über der Thaya thronend, enthüllt sie im Verfall das Pathos der Endlichkeit. Erhabene Größe lässt den Betrachter vor Ehrfurcht erstaunen, haben hier einmal Riesen gehaust und all diesen Platz für sich beansprucht? Ich trete durch den Torturm und bin in einer anderen Welt, höre Schlach-

Die Ruine Kollmitz ist die größte Ruine Niederösterreichs.

tenlärm, Waffengeklirr, Kommandorufe, aber auch Minnesang, Gauklerspiel und höfische Musik. Der mittelalterliche Teil mit seinen Türmen und Toren ist wahrhaft Ehrfurcht einflößend, aber noch mehr beeindrucken mich die Mauerreste des Renaissanceteils als stumme Zeugen eines einst hochherrschaftlichen Gesellschaftslebens.

Unterhalb der breiten, mächtigen Anlage liegt das kleine Dorf Kollmitzgraben. Meine Verlegerin vom Verlagshaus Hernals hat hier ein Wochenendhaus am jenseitigen Ufer des Flusses. Elisabeth, Walter und ihr Sohn Theodor sind begeisterte Kanuten und verbringen viel Zeit auf dem Wasser. Der Blick von ihrem Garten auf die Ruine mit dem Fluss im Vordergrund ist atemberaubend. Auf dem schmalen Uferstreifen stehen eine Handvoll Häuser im Schatten der Burg. Nach einer kurzen Labung gehe ich über die Brücke

den Berghang hinauf und komme an der „Böhmischen Mauer“ vorbei. Aus irgendeinem, mir im Nachhinein nicht mehr ersichtlichen Grund, nehme ich nicht den markierten Weg nach Raabs, sondern den Weg neben der Thaya. Es wird früh dunkel im Spätherbst und als ich endlich die ersten Häuser von Raabs erreiche, ist es stockfinster. Der Platz liegt im Dunklen, wie ausgestorben. In einem Gasthaus brennt noch Licht. Ich trete ein, die Gaststube ist spärlich gefüllt, frage an, ob es hier Fremdenzimmer gibt, und meine Aufzeichnungen betreffs Quartiersuche werden wieder um ein Kapitel reicher.

Mächtige Mauern und Türme bauen sich vor mit auf

„Wia kann ma denn noch Raabs waundan, ohne das ma vorher a Zimmer bestöllt?“ werde ich vom alten Wirt belehrt.

„Bei uns in Weitra, is das kein Problem, do kriag i jedazeit a Zimma!“ entgegne ich.

Das gewaltige Ausmaß der Burg Raabs lässt sich im Morgennebel nur erahnen.

„Daun häst holt in Weitra bleibn solln!" kommt postwendend die Antwort.

„Setz die amol und iß wos, und i schau, wos i tuan kau!" Der Wirt geht zum Telefon. Kommt strahlend zurück. „A Privatzimma hob i fia di, oba de Frau Chorherr kummt erst um Achte ham."

Zufrieden lehne ich mich zurück und verspeise meinen Rostbraten. Der Juniorchef ist so nett und fährt mich nach dem Abendessen zum Quartier.

Am nächsten Morgen schaue ich aus dem Fenster und sehe buchstäblich nichts, ganz Raabs liegt im Nebel. Von der riesigen Burg hoch über dem Zusammenfluss von der Mährischen Thaya in die Thaya lassen sich nur die Umrisse erahnen. Da es nicht ausschaut, als ob sich der Nebel legen würde, ändere ich kurzerhand meine Route und gehe auf der Straße aus dem Tal hinaus Richtung Alberndorf. Bald darauf brechen die ersten Sonnenstrahlen durch die Nebeldüsternis, und ein herrlicher Tag bricht an. Vogelgezwitscher rund um mich, tausende Tautropfen glitzern auf den Gräsern, und mein Herz wird weit. Die Mährische Thaya schlängelt sich durch das breite Tal, herrlich naturbelassen, ohne Begradigung und Einzwängung in ein steinernes Korsett, mit großartigem Baumbestand an den Ufern wie in den ersten Tagen der Schöpfung. Man hat dem Fluss hier den Raum gelassen, der ihm zusteht. Ich komme an einer alten Mühle vorbei, ein wenig später folgt die nächste. Plötzlich endet der Weg, und ich kämpfe mich ein Weile durch das Dickicht bis ich einen Waldweg erreiche, der mich aus dem Tal hinausführt. In Oberndorf steht eine kleine Kapelle hoch über der Straße, die mich immer wieder begeistert. Sie wurde 1912 errichtet und ist im eigentlichen Sinn des Wortes keine Kapelle, sondern ein Glockenturm, an den man ein Marterl angefügt hat, das von zwei Säulen getragen wird und ein Bild des Hl. Josef mit dem Jesuskind in sich birgt. Harmonie und Proportion sind absolut perfekt und dem dörflichen Charakter des Ortes gut angepasst. Ein paar Schritte

Der Glockenturm von Oberndorf

noch und ich bin in Weikertschlag. Mitten auf dem Dorfanger steht das alte Rathaus, wo nun die Raiffeisenkasse und ein Museum untergebracht sind. Ich war hier schon zu Gast mit einer

Der Marktplatz von Weikertschlag

Lesung. Der Pranger gleich daneben zeugt von der einstigen Bedeutung des Ortes. Auf einer Anhöhe oberhalb des Ortes steht das viereckige Mauerwerk eines Turmes, der spärliche Rest der einstigen Burg. Einige leere Auslagen weisen darauf hin, dass es hier in früheren Zeiten ein reges Wirtschaftstreiben gab. Die sehenswerte Ausstellung im Museum berichtet darüber. Ich gehe die Thaya flußaufwärts und komme zu einer Kanuanlegestelle. Ein gelbes Schild zeigt ein Krokodil mit der Aufschrift „Bathing at your risk", darunter einen Pfeil, der in beide Richtungen zeigt und auf dem „Go your own way" steht. Da hat sich wohl ein Scherzbold einen Spaß erlaubt, denn ich kann mich nicht daran erinnern, jemals von einem Krokodil in den Flüssen des Waldviertels gehört zu haben.

Es ist Mittagszeit, und ich klopfe bei der ehemaligen Bäckerei Sainitzer an. Ich habe Glück und werde spontan zum Mittagessen eingeladen, es gibt herrliches Kürbisgemüse aus dem eigenen Garten. Dann und wann wird hier noch gebacken, aber nur mehr für den Eigengebrauch, und das ist mehr als bedauerlich. Mit dem Aufkommen der Mobilität und dem Bau von Supermärkten und Einkaufsstraßen haben die kleinen Gewerbebetriebe in den Dörfern, Märkten und Kleinstädten des Waldviertels ihre Bedeutung verloren. Aber auch die Vollerwerbsbauern werden immer weniger und tragen zu einem Identitätsverlust der Dörfer bei. Viele Arbeitsplätze sind dadurch verloren gegangen und haben zur Abwanderung geführt. Am Abend muss ich wieder zuhause sein, und Bäckermeister Sainitzer bringt mich nach Waidhofen, wo ich den Autobus erreiche.

Sollte es tatsächlich Krokodile in der Mährischen Thaya geben?

Mittlerweile ist es November geworden, die Tage werden immer kürzer und ich habe noch mindestens sechs Tage der Wanderschaft vor mir. Eine liebe Freundin bringt mich zurück an den Start nach Weikertschlag. Es beginnt zu nieseln, doch ich lasse mich nicht aufhalten und marschiere Richtung Karlstein weiter. Inzwischen regnet es und ich marschiere weiter. Der Regen wird stärker und ich marschiere weiter. Als ich in Karlstein ankomme bin ich pitschnass. Auch hier wieder das alte Lied, das Gasthaus Pohnitzer, einst ein Leitbetrieb der Region, hat zugesperrt, bleibt nur mehr eine Pizzeria zur Einkehr. Die Pizza schmeckt ausgezeichnet, und ich bleibe etwas länger als nötig im Lokal, hoffe auf ein Ende des Regens, doch ich habe keine Chance. Hoch über dem Ort liegt die Burg, die einst ein wichtiger Bestandteil der Raabser Grenzherrschaft war. Eine spätgotische Schlosskapelle gehört zu den Hauptsehenswürdigkeiten, doch das Schloss ist in Privatbesitz und nicht zu besichtigen.

Das Schloss Karlstein steht auf hohem Fels über der Stadt.

Ich bin jetzt im „Horologenland", wie das Land um Karlstein früher genannt wurde, denn hier blühte einst die Uhrenerzeugung. Bereits unter der Regierung von Maria Theresia bauten hier geschickte Hände Uhren im Nebenerwerb zur Landwirtschaft. Diese Uhren wurden aus Holz gefertigt und wiesen ursprünglich nur den Stundenzeiger auf. Um die Zeit von 1840 fanden an die 300 Familien mit über 600 Beschäftigten ihren Unterhalt. Jährlich wurden hier so gegen 140.000 Uhren hergestellt, die durch Wanderhändler in allen Ländern der Donaumonarchie verkauft wurden. Mit dem Aufkommen der maschinellen Erzeugung im Schwarzwald gerieten die Waldviertler Uhren jedoch bald ins Hintertreffen.

Heute gibt es hier die Firma Pollmann, die mit ca. 500 Beschäftigten der größte Arbeitgeber der Gemeinde ist, welche Bauteile für die Autoindus-

Das Schloss Dobersberg

trie herstellt, weltweit aber auch in den Vereinigten Staaten, in China und in Tschechien produziert. Mit den Auslandsniederlassungen hat der mustergültige Betrieb an die 1600 Mitarbeiter. 1888 von Franz Pollmann gegründet, erzeugte man vorerst Uhrwerke mit Viertel- und Halbstunden-Schlag und Repetierwerke. Unter seinem Sohn Ernst Pollmann begann der unaufhaltsame Aufstieg der Firma Pollmann. Nun ist Pollmann anerkannt für Innovation und Präzision, und ein Musterbeispiel dafür, dass man auch in entwicklungsschwachen Gebieten Weltgeltung erlangen kann, der Internationalisierung und Globalisierung zum Trotz!

Die Fachschule für Uhrmacher und eine Höhere Technische Bundeslehranstalt für Mikroelektronik und Uhrmacher ist ebenfalls einzigartig im Lande. Doch es gibt noch eine weitere Attraktion. 1978 gründete Pfarrer Karl Rauscher

Der Heidlkeller steckt voller Überraschungen.

den Verein der Heilkräuter, der zu einer gewaltigen Gesundheitsbewegung im deutschsprachigem Raum geworden ist. 1979 kam dann der anerkannte Heilkräuterfachmann Pfarrer Hermann Josef Weidinger nach Karlstein und kümmerte sich um Produktion und Verkauf der Kräuter. Der Verein hat mittlerweile 20.000 Mitglieder, die in der ganzen Welt verstreut sind. Es gibt ein Paracelsus-Haus, ein Kräuterpfarrerzentrum, einen Naturkostladen und ein reichhaltiges Seminarangebot.

Der Regen will und will nicht aufhören. Um mir den Weg über matschige Feldwege zu ersparen, gehe ich die zwei Stunden bis Dobersberg auf der Straße weiter. Auch hier gibt es ein Schloss, um 1570 entstanden und heutzutage im Besitz der Gemeinde. Ein großes Bauwerk mit Rundtürmen und einem Torturm mit einer Zwiebel, noch immer auf eine umfassende Renovierung wartend. Von den mächtigen Bäumen davor sind die letzten Blätter abgefallen, einen raschelnden Teppich über dem Gras bildend. Bereits im 14. Jahrhundert stand hier eine Burg, so berichtet die Chronik, wo Lehensritter der mächtigen Puchheimer hausten. Wie alle anderen Orte im Waldviertel litt auch hier die Bevölkerung über Jahrhunderte hinweg an Waffenlärm und Kriegsnot. Die Hussiten zogen durch, raubend, plündernd und brandschatzend. Im Dreißigjährigen Krieg gab es große Verwüstungen durch die Schweden, und 1619 wird im Verzeichnis der geplünderten und zerstörten Orte und Schlösser, das die evangelischen Stände ihrem Schreiben an den Kaiser beilegten, auch Dobersberg angeführt. Die Glanzzeit des Schlosses aber war das 19. Jahrhundert, als es in den Besitz derer von Grünne kam, welche aus dem Gebäude ein Schmuckstück machten. Sie trugen reiche Kunstschätze zusammen und richteten die Räume in Biedermeierstil ein. Nach dem Zweiten Weltkrieg sorgten die russischen Truppen dafür, dass von diesem Glanz nichts mehr übrig blieb.

Herr Plach ist eine wahre Fundgrube für mich.

Da es weiter unaufhörlich regnet, trockne ich mich im Cafe Meli und verschöne mir den Nachmittag mit heißem Tee und Apfelstrudel. Dann habe ich endgültig genug von dem scheußlichen Wetter und fahre die paar Kilometer nach Thaya mit dem Autobus. Gespannt wie eine Feder betrete ich den Gasthof Heidel in der Hoffnung, dass noch ein Zimmer für mich frei ist. Ich habe Glück, denn dieses altehrwürdige Haus bietet eine Besonderheit, einen Keller, in dem man mit dem Boot fahren kann. Ich beziehe rasch mein Zimmer, gönne mir dann eine ordentliche Portion ham and eggs und warte auf Herrn Plach, der mir den Keller zeigen soll. Er ist achtzig Jahre alt, beschäftigt sich mit der Geschichte des Marktortes und sammelt seit nunmehr sechzig Jahren sämtliche Zeitungsartikel, die jemals über Thaya erschienen sind. Sein Archiv ist äußerst reichhaltig und eine Fundgrube für alle Interesserierten. Er geht mit mir in den Keller hinunter, und ich komme aus dem Staunen nicht heraus. Zwei Stollen sind voll mit Wasser, einer aus dem Fels geschlagen, einer mit einem Ziegelgewölbe versehen. Ein oranges Schlauchboot liegt im Wasser – man kann hier tatsächlich Bootfahren! Derzeit gibt es allerdings ein kleines Problem, da durch die Neuverlegung des Ortswasserkanals der Wasserstand um fast 50 cm zurückgegangen ist. Auf gut waldviertlerisch heißt das „ma hot dem Kölla des

Man kann die Geschichte der Stadt Waidhofen am Rathaus lesen.

Wossa ogrobn". Ich steige über eine Leiter in das Boot, aber durch mein Gewicht sitzt es am Grund fest. Ich fotografiere nach allen Seiten und bin gespannt über die Geschichte des Kellers, wir setzen uns bei einem Bier in der Gaststube zusammen. Es gibt eine Menge alter Keller in Thaya, so erklärt mir mein Führer, und sie zählen zu den ältesten Bauten des Ortes. Aufgrund der kühlen Temperaturen dienten diese Keller einst als Lagerraum für Nahrungsmittel und Getränke, aber auch als Verstecke für wertvolle Gegenstände. Irgendwann einmal wurde dieses Gangsystem von dem Brunnen neben der Karnerkapelle auf der anderen Straßenseite überflutet. Verschiedene Häuser des Ortes waren durch solche Keller miteinander verbunden, so konnte eindringendes Grundwasser abgeleitet werden. Zusätzlich boten die Gänge auch die Möglichkeit zur Flucht, heute sind sie zumeist durch Ziegelmauern abgeschottet.

Bis spät in den Abend sitzen wir zusammen,

und ich lausche den Ausführungen des Lokalhistorikers. Über die reichen Schweinehändler, die es hier einmal gab und denen die schönen einstöckigen Häuser am Marktplatz gehörten. Man trieb bis ins 19. Jhdt. die Schweine in großen Trecks aus Ungarn herauf, aus dem Bakonywald bei Ödenburg. Wie weit damals schon der Handel international getätigt wurde, bestätigt die Aussage eines Englischprofessors, dass das englische Wort „bacon“ für Speck von „Bakony“ kommen soll! Er berichtet mir auch von der Ausgrabung der Wüstung Hard und von vielen anderen Höhepunkten rund um und in Thaya. Abschließend verspricht er mir, einmal eine Führung durch das Museum und die Ausgrabungen zu machen.

Nächsten Tag marschiere ich auf einem Weg der besonderen Art weiter. Ich weiß nicht, von wem die Idee kam, aus der aufgelassenen Bahnstrecke von Schwarzenau nach Fratres einen Radweg zu machen, aber diese Person gehört ebenfalls vor den Vorhang. Es ist eine Premiere für mich. Nach einigen Kilometern treffe ich das Ehepaar Kohl mit gleich vier Hunden an der Leine. Sie sind in einem kleinen Dorf neben der Trasse daheim und jeden Tag darauf unterwegs. Auf einer breitmächtigen Bogenbrücke kommt mir ein Radfahrer entgegen, dick vermummt mit Mundschutz. Nanu, so denke ich, da wird doch nicht ein Bankräuber mit dem Rad geflüchtet sein?

In Waidhofen statte ich zu allererst der Waldrapp-Kolonie einen Besuch ab. Die Riesenvögel aus der Familie der Ibisse zählen zweifellos nicht zu den hübschesten, aber sie sind zumindest interessant. Hausen in einer großen Volière direkt neben der Straße und hocken bei dem feuchten Herbstwetter apathisch auf den Haltestangen. Am Stadtplatz steht das alte Rathaus mit den Treppengiebeln und den Aufschriften über die wechselvolle Geschichte der Stadtmauerstadt.

Die Stadtpfarrkirche von Waidhofen ist Mariä Himmelfahrt geweiht.

Der Eingangsbereich, der erst in den letzten Jahrzehnten angebaut wurde, hat damals die Kritiker auf den Plan gerufen. Ich finde ihn etwas phantasielos, man hätte zumindest die Färbelung des Altbaus übernehmen können, um diesen Bereich einladender zu gestalten. Bei der Dreifaltigkeitssäule mache ich Rast, der Himmel ist grau in grau, und es sieht aus, als ob es gleich regnen könnte. Ein paar Meter weiter, in der Buchhandlung Kargl, liegt einer meiner Krimis in der Auslage, was mich natürlich sehr freut. Die Kirche Mariä Himmelfahrt steht am höchsten Punkt der Stadt und wird von den Waidhofnern stolz „Dom des Waldviertels“ genannt. Die Kirche ist wirklich großartig, mit viel Gold und sehr schönen Fresken. Die Stadtpfarrkirche von Waidhofen ist Mariä Himmelfahrt geweiht. Ich verweile kurz, mache ein paar Foto und ziehe weiter, am Denkmal von Robert Hamerling vorbei, auf dem Wanderweg 607 über Jasnitz, Groß Eberharts und Klein Göpfritz nach Kleinzwettl. Der Himmel ist noch immer wolkenverhangen, dann und wann brechen Sonnenstrahlen durch ein Wolkenloch, malen Lichtflecken auf das Land, Hoffnung gebend, dass es doch noch schöner werden könnte. Ich komme an zwei hölzernen Glockentürmen vorbei, bei einer alten Mühle, und sehe bald die geheimnisvolle Wehrkirche von Kleinzwettl am Horizont.

links: Die geheimnisvolle Wehrkirche Kleinzwettl – ein Kleinod mittelalterlicher Kirchenbaukunst

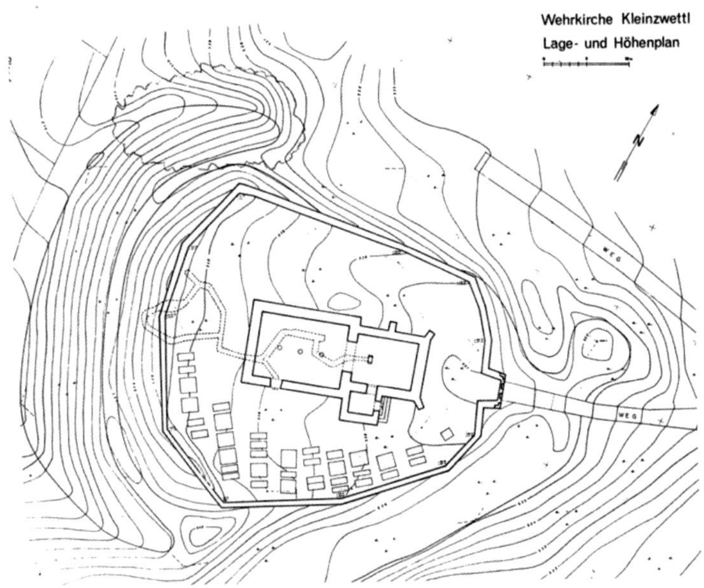

Die Skizze der Anlage mit Kirche, Friedhof, Erdstollen, Wall und Graben

Das Dorf gehörte einst zur Grafschaft der Herren von Raabs, welche vermutlich mit den Babenbergern verwandt waren. 1242 übertrug Herzog Friedrich II. seine Rechte über das Dorf dem Stift Zwettl. Die kleine Wehrkirche gehört zweifellos zu den interessantesten Sakralbauwerken des Waldviertels. Im Bauernhof daneben gibt es den Schlüssel. Andreas Redl geht mit mir und sperrt auf. Die Barockisierung ist an dieser kleinen Kirche zum Glück spurlos vorbeigegangen, und es sind nur romanische und gotische Elemente zu

Das zweischiffige Kirchenschiff

erkennen wie der rechteckige Chor mit seinen Strebepfeilern und dem Kreuzrippengewölbe im zweischiffigen Innenraum. Eine einfach gemauerte Kanzel ist zu sehen und uralte, grob gezimmerte Kirchenbänke, auf denen es sich aber gut sitzen lässt. Das größte Geheimnis jedoch findet man unter der Kirche, nämlich einen Erdstall von beeindruckendem Ausmaß. Dieser dürfte schon vor der Kirche bestanden haben, der Hügel ursprünglich ein sogenannter Hausberg gewesen sein. Andreas zeigt mir eine lose Steinplatte im Fußboden des Altarraums, die Eintritt in den abenteuerlichen Erdstall gewährt. Ich möchte hinein, aber darf nicht. Warum diese Stollen in mühevoller Kleinarbeit aus dem Felsen herausgeschlagen wurden, hatte sicherlich mehrere Gründe. Nur in den wenigsten Fällen dienten sie als Fluchtwege, für die sie die Volkssage meist hält. Viel eher waren sie Verstecke, zuerst für die Menschen, später meist nur für die wertvolle Habe allein. Für längeren Aufenthalt waren sie sicher nicht geeignet, da sie viel zu eng und außerdem auch nicht belüftet sind. Ursprünglich war die Kirche von Wall und Graben umgeben, Teile davon sind auf der Ostseite noch zu erkennen. Unter dem Altar findet man eine höchst skurrile Darstellung des letzten Abendmahls. Jesus und seine Jünger befinden sich in einem palastähnlichen Raum und feiern ein Bacchanal. Sie lagern dahin gefläzt auf bequemen Sofas rund um den Tisch, Kellnerinnen und Diener tragen Speisen und Getränke auf. Solcherart habe ich noch in keiner Kirche entdeckt, und dieses Bild ist wohl einzigartig für eine kleine Kirche im ländlichen Raum.

Mittlerweile ist es Abend geworden, ein stahlblauer Himmel tut sich über der Kirche auf, eine Herde von Schäfchenwolken treibt darüber, lila aufleuchtend im letzten Licht der untergehenden Sonne. Jeder rotglühende Sonnenuntergang weckt in mir den Wunsch, westwärts in ihn hinein zu wandern, immer weiter und weiter. Im Herbst ist das Farbenspiel der Sonnenuntergänge am eindrucksvollsten und lassen Sehnsüchte nach anderen Landstrichen in mir wach werden. Die Minuten zwischen Tag und Traum sind voll an Mystik,

Rottal, der nördlichste Punkt Österreichs

Rätselhaftigkeit und Heimlichkeit – für den Fotografen Herausforderung und Anreiz zugleich.

Für mich stellt sich aber die Frage nach einem Nachtquartier. Herr Datler, der unterhalb der Kirche wohnt, ist so nett und ruft bei den Vermietern im Umkreis an, keiner will mich haben. Das Motto lautet: Zurück zum Start, und er fährt mich dankenswerterweise nach Thaya, wo ich die zweite Nacht wiederum im Gasthaus Heidl verbringe.

Nächsten Tag ist es der Gastwirt, der mich nach Norden bringt. In Weißenbach steht eine kleine Kirche mit sehr schönen Maßwerkfenstern, doch sie ist leider zugesperrt. In Radschin, dort wo der Maler Arnulf Neuwirth werkte, setzt mich der freundliche Gastwirt ab. Es ist trüb, die Sonne hält sich den ganzen Tag versteckt und in Leopoldsdorf fängt es endgültig wieder zu regnen an. Als ich in Litschau ankomme, kübelt es nur so herunter. Wielander Martin, der in Brand eine

Eine schnatternde Gänseschar begrüßte mich in Rottal.

Landwirtschaft betreibt, hat zufällig in Weitra zu tun, und ich komme auf raschem Weg heim.

Der Wettergott meint es in den nächsten Tagen gut mit mir. Mein Taxi bringt mich nach Rottal, und ich stehe beim nördlichsten Grenzstein Österreichs. Dort, wo der Rottalerbach in den Neumühlbach mündet, ist die Grenze zu Tschechien. Hier beginnt (oder endet) der Weitwanderweg 08. In Rottal steht naturgemäß auch das nördlichste Gasthaus Österreichs, und im 19. Jahrhundert gab es hier eine Besonderheit – eine Gifthütte, in der man von 1829 bis 1842 unter anderem auch Zyankali und Berliner Blau produzierte!

Ich lenke meine Schritte südlich, Richtung Litschau. Komme an drei Eseln vorbei und denke, was sich die wohl denken, wenn sie von einem vierten geknipst werden. Der Himmel strahlt in einem derartig intensiven Blau, dass es beinahe schon kitschig ist. Der Großteil der Bäume hat sein Laub bereits abgeworfen, die grün und braun gebuckelte Landschaft sieht aus, als hätte jemand vor dem nahenden Winter mit dem Großreinemachen begonnen. Eine Gänseschar weidet auf einer Wiese, und als ich für ein Foto näher gehe, rennt ein Gänserich drohend auf mich zu. Eigentlich sollte er froh sein, dass er Martini überlebt hat und nicht so keck auftrumpfen ! Der Golfplatz Haugschlag liegt unmittelbar neben der Straße, die schöne Kirche des Ortes steht auf einer Anhöhe, die Bäume der Allee strecken ihre nackten Äste nach allen Seiten aus. In Hörmanns ist ein Schloss zu sehen, von dem ich bis jetzt nie gehört habe, mit einer achteckigen Schlosskapelle, aber auch das alte Brauhaus, welches vom Burgschauspieler Nicolas Ofzarek bewohnt wird, gleich daneben findet man die Theaterwerkstatt. Ich tauche in den Wald ein und stehe am nördlichen Ende des Herrenteiches, welcher von den Marketingstrategen Herrensee benannt wurde.Er ist an die 23 Hektar groß und trotz dieser beachtlichen Größe ein Teich, da er einen Damm hat. Das Waldviertel ist reich an Teichen, die ab dem 13. Jahrhundert hier angelegt wurden und der Karpfenzucht dienen. Der Waldviertler Karpfen

Der Herrenteich in Litschau

ist eine Delikatesse und unter diesem Namen auch im EU-Raum geschützt. Zumeist wird die Fischzucht von den diversen Herrschaften betrieben wie den Fürstenbergern in Weitra, Fischer von Ankern in Kirchberg am Walde, den Grafen Kinsky in Heidenreichstein oder eben der Familie Seillern-Aspang hier in Litschau. Teiche sind im Waldviertel allgegenwärtig und prägen die Kulturlandschaft des Landes. Es handelt sich dabei zumeist um Bach- oder Flussstaue, seltener um Grundwasserausstöße, Quell- oder Himmelsteiche. Die kleineren davon besitzen als Abflusseinrichtung einen „Mönch", die größeren einen „Zapfen" mit oder ohne Zapfenhaus. Sie dienten nicht nur der Karpfenzucht, sondern auch als Schwemmteiche, aber auch als Energiespender für Mühlen, Sägen und Hammerwerke. Zdenko von Sternberg, welcher von 1463–1477 Pfandleihinhaber der Herrschaft Weitra war, ließ in dieser Zeit allein acht Teiche rund um Weitra anlegen. Das nicht unbeträchtliche Teichnetz des Oberen Waldviertels entstand oftmals in Zusammenarbeit mit den böhmischen Teichbauern aus Wittingau/Trebon. Die Bewirtschaftung der Teiche erfolgt mit viel Fingerspitzengefühl im Gleichklang mit den Geboten der Natur. Beim Abfischen wird das Wasser fast zur Gänze aus den Teichen abgelassen. Dann „brodelt" es im restlichen Wasser und starke Männer fischen nach alter Art und Weise die Karpfen mit ihren Keschern heraus. Für die restliche Zeit ihres Lebens

Blick über den Herrenteich
auf die Stadt Litschau

werden sie in sogenannten „Hälterungen“ gehalten, aus denen sie jederzeit wieder entnommen werden können. Nur so kommt der Karpfen frisch in allerhöchster Qualität auf den Tisch. Karpfen gehören ebenso zu den kulinarischen Spitzenleistungen des Waldviertels wie der Mohn und die Erdäpfel.

Der Waldweg am westlichen Ufer des Herrenteiches gibt dann und wann den Blick auf das Wasser frei, in dem sich große Wolken spiegeln. Das Ufer ist größtenteils mit Fichtenwald besetzt, aus dem hin und wieder Farbtupfer in Gelb oder Orange aufleuchten. Eine Landzunge reicht weit in den Teich hinein, krumm gewachsene Birken stehen dort und spiegeln sich im Kopfstand im Wasser. Es ist ein Bild des Friedens, herzöffnend in Schönheit, Ruhe und Gelassenheit, ein königlicher Rückzugsort für Großstadtmüde. Am ge-

Das Schloss Litschau mit dem gut erhaltenen Bergfried

genüberliegenden Ufer taucht nun die Stadt auf, und Kirche, Dächer und der Silo des Lagerhauses versenken ihr Panorama ebenfalls im Wasser. Auf dem Teich recken sich kahle Bäume gegen den Himmel und auf einer hölzernen Plattform im Wasser genießt eine Schar Enten die letzten Strahlen der Nachmittagssonne.

Litschau ist die nördlichste Stadt Österreichs und von Abwanderung bedroht. Laut Statistik hat sich die Bevölkerung von der Mitte des 19. Jahrhunderts bis jetzt halbiert. Heutzutage setzt die historische Stadt dank ihrer schönen Lage auf Kultur und Tourismus. Kaspar Schrammel wurde in Litschau geboren und Anfang Juli findet auf den Bühnen im Teich das Schrammel-Festival statt.

Mit bereits leicht wackeligen Knien gehe ich die Stiege hinauf zum Schloss, irgendwer muss mir Steine in den Rucksack geschmuggelt haben, denn

Die Stadtpfarrkirche von Litschau

Der Kolomanstein vor Eisgarn

er wird immer schwerer. Die Burg wurde 1260 erstmals urkundlich erwähnt, der hohe Rundturm wird von den Einheimischen Hungerturm genannt, massive Mauern schützen das Schloss, welches im Laufe der Jahrhunderte immer wieder erweitert wurde. Aus einem bereits Anfang des 18. Jahrhunderts errichteten, benachbarten Wirtschaftsgebäude entstand 1793 das „Neue Schloss", wo nun die Familie Seillern-Aspang wohnt.

Ich gehe hinunter in die Stadt, die Kirche steht inmitten des Hauptplatzes und beherbergt eine schöne Statue „Maria mit dem Kind" und sehenswerte Wandmalereien. Ich verweile nur kurz, da wieder einmal die Zeit knapp wird, und gehe Richtung Eisgarn weiter. Etwas abseits der Straße liegt der Kolomanstein. Auf dem markanten Doppelschalenstein steht ein Bildstock, zu dem Steinstufen führen. Dieser wurde 1713 vom Eisgarner Probst Anton von Pallingen errichtet. Der Legende nach soll der Heilige Koloman auf diesem Stein gerastet und seine Füße in der Schale gebadet haben. Er befand sich auf einer Pilgerreise von Irland ins Heilige Land, wurde jedoch bei Stockerau gefangengenommen und kurzerhand im Jahre 1012 dort gehängt, da man ihn für einen ungarischen Spion hielt.

In Eisgarn befindet sich Österreichs kleinste Probstei, welche 1330 durch Johann von Klingen-

Die Probsteikirche Eisgarn im letzten Abendlicht

Die mächtige Wasserburg von Heidenreichstein konnte nie eingenommen werden.

berg, dem Herren von Litschau, als Kollegialstift gegründet wurde. Probst Ulrich Küchl, ein anerkannter Komponist, hat hier ein beliebtes Veranstaltungszentrum für zeitgenössische Musik gestaltet. Im zugehörigen Probsteihof finden sich Reste barocker Wandmalerei mit charmant derben Rüpelszenen und modernen Groteskfresken von Arnulf Neuwirth. In neuester Zeit erfuhr der kleine Ort Berühmtheit als Drehort der Fernsehserie Braunschlag. Die frühe Dämmerung des Novembers lässt den Himmel am Horizont rosa aufleuchten, gleichfarbig mit der Kirche, deren spätbarocker Turm sich vor einem allerletzten zarten Himmelblau abzeichnet. Ich rufe Martin an, damit er mich abholt. Er hat mir ein Nachtquartier auf seinem Bauernhof in Brand angeboten, wo er mit seiner Eva und den beiden Buben Oskar und Viktor zuhause ist. Wir sitzen abends noch lange beisammen und diskutieren über Gott und die Welt und alles, was dazu gehört.

Nächsten Morgen hat Eva in Heidenreichstein zu tun, und sie setzt mich vor der Burg ab. Mächtig steht sie da mitten in der Stadt, trutzig, ja fast drohend, die größte Wasserburg Österreichs. Achthundert Jahre alt, nie erobert, mit Türmen, hohen Mauern, hölzernen Wehrgängen, doppelten Graben und Zugbrücken das Idealbild einer mittelalterlichen Festung. Die Qualität der Innenausstat-

Der Wald ist nicht nur Lebensspender, sondern auch ein perfekter Meditationsraum.

tung und des Mobiliars ist einzigartig und stammt großteils aus der Gotik. Es hat leicht gefroren und eine hauchdünne Eisdecke liegt auf dem Wasser, in dem sich die Burg spiegelt. Sie gehört der Familie Kinsky und kann zu bestimmten Tageszeiten besichtigt werden. Ich war schon des öfteren mit Reisegruppen dort und bin immer wieder von der Wehrhaftigkeit der Burg überwältigt.

Meine Schritte lenken mich aus der Stadt hinaus auf die Margithöhe, ich komme an der Evangelischen Kirche vorbei und bin bald darauf im Naturpark Heidenreichsteiner Moor. Die ersten Strahlen der Morgensonne lassen Raureifkristalle an Bäumen, Sträuchern und selbst an den Gräsern aufleuchten, als wäre es Diamantenstaub. Im Wald komme ich an einem ausgelassenen Fischteich vorbei, im Sand sind Spuren zu erkennen, ein Fischotter oder Marder vielleicht? Licht- und Schattenspiele verzaubern den Hochwald, werfen bizarre Muster in das Kraut der Heidelbeeren. Ich kann mich nicht sattsehen an dieser Pracht, setze mich kurz auf einen Baumstumpf, und es ist mir egal, ob meine Hose dabei feucht wird, und genieße die Stille. Warum, so frage mich immer wieder, sucht der moderne Mensch die Gesellschaft so sehr, fühlt sich in Massenansammlungen bei Volksfesten oder Freiluftkonzerten so wohl, verspürt aber immer weniger den Drang zur Natur? Warum kann ich stundenlang durch das Land wandern, ohne einen Menschen zu treffen? Dabei ist doch die Natur so allumfassend, dass wir ihr Antlitz noch nicht einmal ansatzweise gesehen, geschweige denn erkannt haben? Wer lange genug wandert, wird Teil der Landschaft, die er durchmisst. Je länger man geht, desto mehr Informationen strömen auf einen ein. Es ist die höchste Freiheit des Wanderers allen widrigen Umständen zu trotzen, Regen, Wind und Sonne auf seiner Haut zu spüren. Allein die Erfahrung, den Elementen der Natur gewachsen zu sein um wieder Vertrauen zu seinem eigenen Körper zu gewinnen, ist Gold wert. Selbst den Rhythmus zu bestimmen, sich dann und wann auf die Unberechenbarkeit eines neuen Weges einzulassen, ohne genau zu wissen, wohin er führt, das ist für mich Freiheit pur. Die Geheimnisse der Wege zu erkunden, zu sehen, was es hinter einer Kuppe zu sehen gibt, nicht nur die Grenzen der Landschaft, sondern auch die seines eigenen Körpers auszuloten, sind beglückende Momente im Leben eines Wanderers. Geht es nur mir so, oder fühlen andere ebenso?

Durch den rasanten Rückgang der Niederschläge in den letzten Jahrzehnten, wohl aber auch durch die Klimaerwärmung und uns Menschen selbst, hat der viel besungene Waldviertler Wald großen Schaden erlitten. Die Fichtenmonokulturen sind dadurch anfällig geworden und der Bestand an Schädlingen wie Borkenkäfer und Buchdrucker hat sich massiv vergrößert. Immer wieder stoße ich bei meiner Wanderung auf große Waldrodungen, Halden von Baumstämmen und riesige Haufen von Ästen und Reisig, welche auf den Abtransport warten. Wenn man dieses Problem nicht in den Griff bekommt ist zu befürchten, dass sich die Schönheit der Waldviertler Landschaft in den nächsten Jahrzehnten zu ihren Ungunsten verändern wird. Derzeit ist zwar noch ein Großteil des Waldviertels von Wald bedeckt, doch die Vorzeichen stehen auf Sturm. Eine Entwaldung wäre eine Katastrophe für die Landschaft des Waldviertels und natürlicherweise auch für die Waldbesitzer, egal ob Herrschaftswald oder Bauernwald. Sie bedroht massiv das Klima und den Wasserhaushalt, also unser aller Lebensgrundlage.

Plötzlich liegt der Haslauer Teich vor mir, der größte Teich des Waldviertels mit 68 Hektar Wasserfläche. Kein Mensch hier ist jemals der Versu-

Der Haslauer Teich ist der größte Teich des Waldviertels.

chung erlegen ihn See zu nennen, und das ist richtig. Das Waldviertel war nie von Gletschern bedeckt, also gibt es hier auch keine glazialen Seen. Sie wurden immer von Menschenhand erschaffen, aufgestaut, mit einem Damm versehen. Und dieser Teich, vor dem ich nun stehe, braucht keinen alpinen See zu scheuen in Größe und Erhabenheit. Teiche formen seit dem Mittelalter das Waldviertel, spenden Wasser und Feuchtigkeit, bilden Klima und Wetter und bieten vielen Wassertieren Heimat und Schutz. Der Wind treibt einen Teppich bunter Blätter vor sich über das Wasser, das nicht glatt ist wie ein Spiegel, sondern strukturiert von den Schatten der Uferbäume, von konzentrischen Ringen, die sich nach außen vergrößern, von kleinen Wellenkämmen, die sich brechen und zurückfluten. Weit geht mein Blick über den Teich, bis hin zum baumbestanden Ufer auf der Gegenseite.

Auf der Straße nach Gebharts komme ich an Steinbrüchen vorbei. Ein monstergroßer Bagger streckt mir seine gelbe, mit kräftigen Zähnen bestückte Schaufel entgegen. Mächtige Steinblöcke liegen am Rande des tiefer gelegenen Steinbruches. Bald darauf baut sich ein hohes Steintor vor mir auf mit der Aufschrift „Granitwerk Kammerer". Auf einem riesigen Betriebsgelände liegen, stehen Granitplatten, Granitquader neben- und übereinander, und aus dem Steinbruch tönt Maschinenlärm. Seit jeher wird hier der massive Granit abgebaut und zu allerlei Formen bearbeitet. Die Bezeichnung „Waldviertler Granit" ist lange schon zu einem Qualitätsmerkmal geworden, und der schwere Stein ist aus dem Bauwesen nicht mehr wegzudenken.

„Feldspat, Quarz und Glimmer, die drei vergess ich nimmer", so malträtierte uns die Lehrerin in der Volksschule. Damit ist die Wichtigkeit des Granits für das Waldviertel auch schon erklärt. Denn die Verbindung dieser drei Bestandteile hat über Jahrmillionen einen äußerst stabilen, sehr witterungsbeständigen und in Struktur und Farbe sehr schönen Naturstein hervorgebracht.

Gegenüber des Steinbruches, quasi nur einen Steinwurf weit, beginnt das Schremser Moor. Seit Beginn der Menschheitsgeschichte ranken sich Sagen, Legenden und Mythen um das Moor. Moore sind geheimnisvoll, gefährlich, mystisch, geprägt von Irrlichtern, Hilfeschreien der Versunkenen und geheimnisvollen Moormännchen, so sagt man. Doch die Waldviertler Moore sind Hochmoore, in denen man zwar zentimeterweise einsinken, aber nicht untergehen kann. Moore

Der Granitsteinbruch bei Schrems

sind wichtig als Wasserspeicher und als Lebensraum zahlreicher, angepasster Spezialisten. In früheren Zeiten wurde hier Torf gestochen und als Heizmaterial verwendet. Die sogenannten „Torfziegel" wurden zum Trocknen aufgeschlichtet und mit Fuhrwerken abtransportiert. Heutzutage verwendet man die hohe Heilkraft des Moores in den Kurhäusern Moorbad Harbach und Bad Großpertholz zur Linderung bei Rheuma- und Gelenkserkrankungen.

Der Naturpark Hochmoor Schrems ist Teil des Ramsar-Schutzgebietes der Waldviertler Teich-, Fluss- und Moorlandschaften und 119 Hektar groß. Seltene Pflanzen und Tiere findet

Im Schremser Hochmoor

man hier wie den Moorfrosch, den Wasserschlauch, das Wollgras, den fleischfressenden Sonnentau und den Sumpfporst, der in den meisten Ländern Europas auf der roten Liste steht. Gleich drei Wanderwege führen durch das Moor, Schautafeln geben Auskunft über dessen Entstehung, Flora und Fauna. Die Himmelsleiter, eine 20 m hohe Aussichtsplattform, gewährt einen großartigen Überblick über das Moor.

Ich komme bei zwei Moorteichen vorbei, deren braunes Wasser von Huminsäure gefärbt wird. Einer der beiden ist dabei, komplett zuzuwachsen, wenig später führt eine Holzbrücke über sumpfigen Grund. Die Abenddämmerung verwischt die Konturen, und obwohl ich bei Gott nicht abergläubisch bin, gehe ich automatisch schneller über die Knüppelpfade dem Ausgang zu. Dort steht das UnterWasserReich, ein interessantes Informationszentrum über das Moor und seine Bewohner. Eine Fischotterdame namens Luca lebt hier und wird unter den Augen der Besucher dreimal täglich gefüttert. Als ich den Moorbadeteich entlanggehe, verschwindet die

Sonne gerade hinter dem Horizont, hüllt die Häuser am Rande in einen gelborangen Mantel. Weiße Wolkenstreifen verlieren sich im Himmelsdunkel. Ein wunderbares Bild tut sich vor mir auf mit dem rosa-blau schimmernden Wasser im Vordergrund, in dem sich eine Reihe von kahlen Bäumen spiegelt. Genau zur richtigen Zeit bin ich in Schrems angekommen, wo ich mich bei meinen Freunden Peperl und Sonja Rzepa in deren Fleischhauerei stärke. Wie es der Zufall so will, muss der Fleischermeister Ware nach Maissen ausführen, und so kann ich bis Weitra mitfahren.

Nächsten Morgen geht es zurück an den Start.

Das Schremser Moorbad

Am Parkplatz gegenüber dem großen Schloss steige ich aus. Dort ist nun eine Berufsschule für Steinmetze eingerichtet. In der Nähe fällt ein moderner, bunter Bau auf. Es ist das Kunstmuseum IDEA des vor einigen Jahren verstorbenen Künstlers und Architekten Warlamis. Kantige Formen prägen das Gebäude, in dem es neben einem Skulpturenpark Verkaufs- und Ausstellungsräume gibt, in denen immer wieder Sonderausstellungen zu sehen sind.

Das IDEA-Zentrum in Schrems

Heini Staudinger erklärt mir die Besonderheiten der „Original Waldviertler".

Die Stadt Schrems ist das Industriezentrum des Waldviertels schlechthin. Drei große namhafte Firmen wie Eaton, Elk und die Waldviertler Schuhwerkstatt von Heini Staudinger haben sich hier niedergelassen. Heini, gleichermaßen Geschäftsmann wie Naturphilosoph, glänzt immer wieder mit innovativen Ideen. Sein neugestalteter Verkaufsraum ist zwei hölzernen Jurten angeglichen, ich geh hinein und schaue, ob er da ist. Leider nicht, gibt man mir Bescheid, ich soll mich per Mail anmelden. Wolfgang aus Wien probiert gerade ein paar Waldviertler, ich frage, ob ich ihn dabei fotografieren darf. Der Verkaufsraum ist schön gestaltet, Schuhschachteln füllen die Regale, Fahnen mit Motivationssprüchen hängen am Gebälk, und es riecht gut nach Holz und Leder.

Einige Monate später sitze ich mit Heini zum Mittagessen in seinem Hotel am Schremser Hauptplatz. Fasziniert höre ich ihm zu, als er von seiner Gründungsidee erzählt. Eigentliche hätte er Medizin studieren wollen, doch dann schlug das Schicksal zu. In den Ferien besuchte er in München einen Studienkollegen, an dessen Füßen ihm seltsame Schuhe auffielen. Es waren Earth-Shoes aus Dänemark, und so trampte Heini kurzerhand in den Norden, wurde in Kopenhagen vorstellig und bestellte, ohne einen Groschen Geld zu haben, eine ganze Wagenladung voll. So begann alles, bis ihn der Betriebsseelsorger Karl Immervoll darauf aufmerksam machte, dass es im Waldviertel viele Arbeitslose gibt, und so fing er mit der Produktion der Waldviertler Schuhe an. Mittlerweile beschäftigt er allein in Schrems 170 Mitarbeiter, davon gleich 18 Lehrlinge. Eine Krisenregion ist der Traum jedes Pioniers – so lautet Heinis Devise, und er hat recht damit! Jeder Mensch wird an einen Platz gestellt, den es auszufüllen gilt. So sieht er die Übernahme des ehemaligen Hotels Rössler als Lebensraumgestaltung, ebenso wie die beiden Krankenhäuser in Kenia und Tansania, die er finanziell unterstützt. Sein Kampf mit der Finanzmarktaufsicht machte ihn weit über die Grenzen des Landes hinaus populär, und der Film, den Nicole Scherg über ihn drehte, ist die logische Schlussfolgerung davon. Der Titel „Das Leben ist keine Generalprobe" ist exakt auf Heini Staudinger zugeschnitten. Wenig später führt er mich durch den Betrieb. Viele junge Menschen arbeiten hier, verschiedener Hautfarbe, verschiedener Nationen. Hier wird Leder zugeschnitten, geformt, gestanzt und schließlich entsteht genau das, was seinen Erfolg bewirkt – der robuste, wetterfeste und unverwüstliche Waldviertler!

Nach meinem Besuch in der Verkaufsjurte führt mich mein Weg in das Tal der Braunau. In slawischer Urzeit hieß der Fluss „schremelize", woraus auch der Name des Ortes stammt. Die

Das Wunder von Hoheneich

Braunau ist der größte Zubringer zur Lainsitz und mündet in Gmünd in dieselbe. Eine große Mühle liegt am Weg, die Heumühle, welche wie so viele im ganzen Land nicht mehr in Betrieb ist. Steine unterschiedlicher Größe, wie von Riesenhand in das Bachbett hineingewürfelt, behindern das Wasser an einem schnelleren Lauf, reichern es mit Sauerstoff an. Gelbe und braune Blätter sprenkeln das grüne Moos der glatt geschliffenen Steine. In Niederschrems hat die Dorfgemeinschaft in Eigeninitiative ein Lokal geschaffen, das „Dorf-Bründl", in dem man sich zum Wochenende trifft. Dort, wo die Braunau

Das Deckenfresko in der Wallfahrtskirche Hoheneich

einen Knick macht, tummelt sich eine Schar Gänse im Wasser, die Weibchen in unscheinbarem Braun, die Erpel mit metallisch schillerndem, grünem Kopfgefieder.

Im Wald vor Hoheneich liegt eine Reihe von Teichen, aufgefädelt wie Perlen auf der Schnur. Im Mitterteich zieht ein Schwanenpaar in blendendem Weiß seine Bahn, und kurz darauf erblicke ich in der Ferne die barocke Wallfahrtskirche Hoheneich. Ein Gedenkstein am Ortsrand berichtet von der wunderbaren Bekehrung des Grafen von Kollonitsch, der, weil evangelisch, die Türe der Kirche 1621 vermauern hatte lassen. Durch ein Wunder öffnete sich diese jedoch bei der Ankunft von Wallfahrern.

Auch heutzutage finden hier Wallfahrten statt, pilgern Gläubige zur Gnadenstatue „Maria mit dem Kind", die sich im Strahlenkranz über dem Hochaltar erhebt. Das ovale Deckenfresko, einheitlich in Blau und Braun gehalten, zeigt die Aufnahme der Muttergottes in den Himmel.

Der Pilzstein ist eines der Wahrzeichen des Naturparks Blockheide.

Legendenumwoben ist auch des „Teufels Bettstatt".

In Hoheneich steht die Fabrik der bekannten Möbel- und Dekorstoffweberei Backhausen. In ihrer besten Zeit war die Weberei für ihre Jugendstilmuster nach Entwürfen von Kolo Moser, Josef Hoffmann und Otto Wagner bekannt. Gegenüber des alten Betriebsgebäudes ist ein Gebäude zu finden, welches man so hier nicht vermuten würde. Über den drei Toren ist die Aufschrift „Fabriks Feuerwehr Gerätehaus" zu lesen. Das Bemerkenswerteste daran ist der schlanke Schlauchturm in großartigem Fachwerkstil. Das Gebäude hat schon längst ausgedient und steht unter Denkmalschutz. Ich marschiere über die kleine Brücke durch den Wald zur Blockheide. Gleich zu Beginn überrascht mich der Pilzstein, ein riesenhaftes Felsengebilde, dessen Kappe auf einem Stamm von drei weiteren Felsbrocken aufliegt. An der Oberseite mit dicken Moospolstern beschichtet, welche wiederum mit braunen Fichtennadeln bestreut sind. Irgendwann, so nehme ich mir vor, werde ich nach oben klettern und darauf Platz nehmen, königlicher als ein König. Solcherart monumentalen Felskolossen verdanken es wir Waldviertler, als „steinreich" zu gelten. Die großartige Landschaft des Naturparks Blockheide birgt vielerlei an Felsgebilden, die seit Jahrhunderten anlassgebend sind für eine Menge an Sagen und Legenden. Wie geduckte Ungeheuer

In Gmünd mündet die Braunau in die Lainsitz.

liegen flechtenschorfige Granitriesen in den Wäldern, auf den Wiesen, ja selbst in den Bächen und Teichen. Birke, Rotkiefer und Heidekraut geben dem Land einen skandinavischen Anstrich und legen Zeugnis ab für die uralte Waldviertler Landschaft, die wohl dreimal so alt wie die Hochgebirge der Alpen ist. Es sind Restlinge, die hier vor mir liegen, keine Findlinge, denn das Waldviertel war nie vergletschert. Einer der größten hier, die „Lutherische Kirche", lieferte nicht weniger als 2432 Kubikmeter Gestein, welche beim Tor der Salztorbrücke in Wien und der Rest für Pfeilerabdeckplatten beim Bau der Wiener Stadtbahn verwendet wurden.

Der Phantasie sind hier kaum Grenzen gesetzt, und so ziehe ich am Elefantenstein und Christophorusstein vorbei, ein Stück weiter bei des Teufels Bettstatt, des Teufels Brotlaib, dem Schuldenstein, den Koboldsteinen und vielen anderen mehr. Der Aussichtsturm beim Informationszentrum bietet einen herrlichen Blick über den Naturpark, die Stadt Gmünd und die Sicht reicht weit über die Grenze hinüber zum Nachbarn. Eine lange Blechtafel zeigt den Verlauf des 15. Meridians, der durch Gmünd geht, von der Arktis bis zur Antarktis. Ein geologisches Freilichtmuseum gibt Auskunft über die vielfältigen Granitarten, deren Entstehung und Bearbeitung.

Beim Verlassen des Naturparks komme ich am Fuchsstein vorbei, ein paar Minuten später stehe ich in der Mühlgasse bei der Mündung der Braunau in die Lainsitz. An den verschiedenen Farben der Gewässer ist zu erkennen, wer da wo hineinfließt. Denn auch darüber wurde in vergangenen Jahrzehnten debattiert. Wenig später, in Breitensee, verlässt die Lainsitz das Waldviertel, wird zum Grenzgänger und fließt nach Tschechien. Die Flussniederung in Breitensee ist geprägt durch zahlreiche „Lahnen", abgetrennte Altarme der Lainsitz. Diese haben sich zu eigenständigen Biotopen entwickelt und sind reich an allem, was hier im Wasser so kreucht und fleucht. Zahlreiche Vögel brüten hier, und so ist es kein Wunder, dass es seit Jahren Bemühungen gibt, auch hier einen Naturpark zu schaffen.

Die Türme des ehemaligen Rathauses

Die Sgraffitohäuser am Gmünder Stadtplatz

In Gmünd liegt eine dunkelblau geränderte Wolkenbank über dem großen Stadtplatz mit der Pfarrkirche St. Stefan, den beiden altehrwürdigen Sgraffitohäusern in der Mitte und dem Schloss mit seinem schönen Park an der anderen Ecke. In Gmünd-Neustadt, auch Gmünd 2 genannt, gab es während des 1. Weltkrieges ein riesiges Flüchtlingslager, das größte der Monarchie. Galizier und Ruthenen fristeten hier in Baracken ein erbärmliches Dasein. An die 200.000 Menschen waren hier untergebracht, 30.000 davon erlebten das Kriegsende nicht mehr und wurden an Ort und Stelle in einem eigenen Friedhof begraben. Das Lagertor und die Lagerstraße gibt es heute noch. Nach dem Ende des furchtbaren Krieges wurde Gmünd zweigeteilt. Gmünd 3, wie Unter-Wielands in der Nazi-Zeit bezeichnet wurde, wurde der damaligen Tschechoslowakei zugeteilt, ebenso wie 13 andere, ehemals deutschsprachige Orte, die von Österreich abgetrennt und bereits beim Vertrag von St. Germain dem Nachbarn zugesprochen wurden.

Meine nächste Station ist Waldenstein, dort steht in der Kirche das berühmte Gnadenbild „Maria mit der Hacke". Ihren Ursprung soll sie im Zisterzienserkloster Grünberg in Böhmen

Das Schloss Kirchberg mit seiner Schlosskirche

„Maria mit der Hacke" in der Kirche von Waldenstein

haben. In der Reformationszeit befahl Andreas von Sternberg die Kircheneinrichtung mit der Muttergottes zu verbrennen. Da dies nicht gelang, versuchte man die Madonna zu zerhacken, doch die Axt blieb in ihre Schulter stecken, die Frevler starben kurz darauf einen schrecklichen Tod. 1713 kam die Statue in das Franziskanerkloster Klosterneuburg, von dort aus soll sie dann nach Waldenstein gelangt sein. So weit die Legende der Madonna mit der Hacke. Ob Original oder nicht, zieht die Gnadenstatue bis heute Wallfahrer an.

In Kirchberg am Walde gibt es eine schöne Barockkirche. Die Tür ist offen, ich trete ein. Zwei Elektriker sind dabei, neue Beleuchtungskörper zu montieren. Pfarrer Hermann Katzenschlager, der aus meinem Heimatort Weitra stammt, kontrolliert, ob die Einstellung auch passt. Ursprünglich stand an dieser Stelle eine Burgkapelle, dann eine romanische Kirche. Johann Leopold Graf Kueffstein ließ hier von 1709 bis 1713 die neue Kirche bauen. Bemerkenswert ist die prächtige, reich mit Figuren geschmückte Kanzel.

Robert Hamerling, der Dichterfürst des Waldviertels, wie er früher genannt wurde, erblickte in Kirchberg das Licht der Welt. An Stelle seines Geburtshauses steht nun das Hamerlinghaus, welches als Veranstaltungsort dient. In einem von Säulen getragenen Vorbau ist die Büste des Dichters zu sehen. Er lebte von 1830–1889 und war zu seiner Zeit weit über die Grenzen des Landes bekannt. Georg Ritter von Schönerer, der den Dichter sehr schätzte und politisch auch vereinnahmte, ließ dieses Haus im Stil der Neorenaissance errichten.

Gegenüber liegt das mächtige Schloss der Familie Fischer-Ankern. Die schönbrunnergelb gefärbelte Anlage, zu der eine Menge Nebengebäude und eine mit großartigen Fresken vom Wiener Schmidt ausgestattete Schlosskirche gehören, ist leider nicht zu besichtigen. In früheren Zeiten gab sich der europäische Hochadel hier ein Stelldichein, auch ein Mitglied der französischen Bourbonen war einmal zu Gast.

Eine Rarität ersten Ranges ist die spätgotische Zwillingswendeltreppe im ehemaligen Bürgerspital. Geschaffen um 1400 stand sie zuvor in der alten Burg, wurde aber zu Anfang des 18. Jahrhunderts an Ort und Stelle eingesetzt. Das Bürgerspital war eine Stiftung des Grafen Kueffstein für die sogenannten „Spitaler". Hier waren es drei Männer und drei Frauen, die im Untergeschoss ein Heim fanden und Anrecht auf gewisse Pfründe hatten, die gewissenhaft aufgeschrieben waren und von der Herrschaft gewährt wurden. (Brennholz, Kraut, Rüben, Linsen, Weizen, Schmalz, Bier, Brot usw.). Dafür mussten sie ein christliches, erbauliches und friedliches Leben führen und nachmittags nach dem Vier-Uhr-Geläute der Kirche einen Rosenkranz und eine Marien-Litanei beten. Außerdem waren sie verpflichtet, an den kirchlichen Prozessionen ihre Tracht zu tragen, ein blaues Gewand und einen weißen Mantel mit schwarzen Ärmeln.

Der Dichter Robert Hamerling wurde in Kirchberg geboren.

Für die Kirchberger aber, die nicht so christlich und friedlich waren, stand draußen vor dem Ort ein Galgen, einer der wenigen, die heute noch in Österreich zu sehen sind. Zwei nach oben konisch verlaufende Steinsäulen stehen am Rand eines Waldes, geziert mit einer steinernen Kugel am oberen Ende. Zwei viereckige Löcher zeigen den Ort, wo früher die waagrechte Stange eingepasst war, auf der man die Delinquenten aufknüpfte. Dieser Galgen diente einst als Symbol der Hochgerichtsbarkeit, währenddessen der Pranger am Hauptplatz der Niedergerichtsbarkeit unterlag. Eine Tafel daneben gibt Auskunft, dass am 14. November des Jahres 1776 der Gattenmörder Josef Stangl aus Haslau bei Heiden-

Die Feste Rauhenstein war im Mittelaltar ein wichtiger Signalturm für die Kreidefeuer.

Das Bruchsteinmauerwerk ist an und für sich schon ein Erlebnis.

reichstein, in Gegenwart hunderter Menschen, vom Scharfrichter nicht mit dem Galgen, sondern mit dem Rad hingerichtet wurde. „Leben für Leben, Auge für Auge, Zahn für Zahn" hieß es damals nach biblischem Vorbild. Blutrünstige Zeiten waren das, wo man auf vielerlei Art folterte und Hinrichtungen zu den Volksbelustigungen gehörten. Für den modernen Menschen in unseren Breiten gilt dies als widernatürlich, aber ist es nicht auch pervers, wenn man heutzutage eine Doppelmörderin als „Eislady" verharmlost, und Massenmörder in der Zelle ihre Memoiren schreiben, die dann Bestseller werden?

Es ist schon seltsam, auf welche Ideen man kommt, wenn man stundenlang zu Fuß unterwegs ist. Besonders dann, wenn man vor einem Galgen steht. Es sind Gedankensplitter über die Welt, in der man lebt, über die Gesellschaft, der man angehört. Über das Leben im Speziellen. Über alles, was einen bewegt, bewusst oder unbewusst! Thoreau hat es in seinem Essay „Vom Gehen durch die Natur“ auf den Punkt gebracht, als der da meinte: „Wer sich in der freien Natur bewegt, macht sich auf die Suche zu den Quellen des Lebens.“ Soweit mein Ausflug in die Philosophie des Wanderns!

Ein interessanter Ort liegt ein paar Kilometer südlich, nämlich Weissenalbern. Dort steht der Rest der Feste Rauhenstein, von den Einheimischen „s`Gmäu“ genannt. Ein eindrucksvolles Gebäude aus unverputztem Bruchsteinmauerwerk, drei Stockwerke hoch, umgeben von einer Mauer und mit einem Tor. Es war früher einmal ein Signalturm für die Kreidefeuer. In der Regel gab es stets zwei Feuerplätze auf dem Turm, einen Stapel mit trockenem und einen mit feuchtem Holz. Untertags entzündete man das feuchte Holz, sodass der Rauch weithin sichtbar war. In der Nacht aber kam das trockene Holz zur Verwendung und der lichterlohe Feuerschein leuchtete bis in die weite Ferne. Der Turm ist nun Wohnsitz der Familie Binder und durch Vermittlung des Lokalhistorikers Rudi Tauber darf ich einen Blick hinein machen. Eine wunderschöne steinerne Wendeltreppe führt hinauf bis unters Dach. Das Wohnen hier ist schon ein Abenteuer für sich, doch der Blick aus einem der Fenster ist atemberaubend. Er geht weit über das Land und lässt einen ahnen, wie weit einst die Signale zu sehen waren. In Schweiggers komme ich an einer hohen, zinnengekrönten Mauer vorbei, an deren Ecke ein runder Turm mit Schießscharten zu sehen ist. Es ist die Mauer des Pfarrhofgartens und zeigt an, wie unruhig frühere Zeiten waren, als sich sogar der Pfarrer verteidigen musste. Oder galt diese Befestigung gar dem Schutze der Pfarrers-

Schweiggers – Pfarrhofmauer und Kirche.

Lokalhistoriker Rudi Tauber ist ein profunder Kenner seiner Heimat.

Das Graslabyrinth bei der Thayaquelle

köchin? Der Ort ist ebenfalls eine Gründung der Kuenringer, die im 12. und 13. Jahrhundert das Obere Waldviertel kolonialisierten und hier eine Burg besaßen, wo nun der Pfarrhof steht. Die Kirche besticht durch ihren lichtvollen Innenraum mit den hellgelb bemalten Säulen und Kreuzrippen.

Der Bildhauer Willi Engelmayer werkte hier, und im Rathaus gibt es eine originelle und einzigartige Ausstellung über die Waldviertler Erdäpfel. Hier erfährt man alles über die Besonderheiten der „tollen Knolle." Die „Waldviertler Erdäpfelwelt" informiert über Biologie und Artenreichtum der Kartoffeln, oder eben „Erpfi", so wie sie hier genannt werden. Kaiserin Maria Theresia haben wir den Siegeszug der Waldviertler Erdäpfel zu verdanken. Schließlich war sie es, die in ihrer Regierungszeit den allerersten Anbau und Züchtungsversuche in Phyrabruck unweit der tschechischen Grenze veranlasste. Derzeit wird die schmackhafte Erdfrucht auf rund 22.000 Hektar in Österreich angebaut, ein Großteil davon im Waldviertel. Auf unseren leichten, sandigen Böden fühlt sie sich besonders wohl, und so ist es auch kein Wunder, wenn das Waldviertel auch der größte Saatgutlieferant ist. Nirgendwo im ganzen Lande gibt es bessere „Erpfi" als bei uns!

Mein nächstes Ziel ist die Thayaquelle. Ein auf einem Sockel aufliegender Felsblock mit der Aufschrift „Thayaquelle Gew. v. Faber Verlag und der Schuljugend des Bezirkes Zwettl 1973" weist auf den Ursprung des Flusses hin. Im ersten Moment kann ich gar nicht glauben, dass dieser schmale Graben später zu einem breiten Fluss werden soll. Die Thaya ist eine der Lebensadern des Waldviertels, 235 km lang, und mündet bei Hohenau in die March.

Von der Aussichtsplattform hat man einen schönen Blick über das offene Land. Die Felder, frisch gepflügt, bilden mit den Wiesen ein braungrünes Streifenmuster. Dazwischen liegen kleine Bühel, und die Gegend ist eher wellig, mit nur leichten Anhöhen. Die Mitteleuropäische Wasserscheide ist hier schwer auszumachen, nur durch sanfte Hügelkuppen zu erahnen. Ein Rasenlaby-

Die Kirche von Siebenlinden mit dem Szabo-Denkmal im Vordergrund

Der Jahrtausendlebensturm zwischen Siebenlinden und Großwolfgers

rinth bietet sich an für meine Erstbegehung, einen Hohlbaum gibt es hier, Steigbäume und alles Mögliche mehr. Etwas nördlich davon ist ein kleiner Hügel zu sehen, zwei alte Bäume stehen dort, der rechte davon schraubt seine Äste spiralenförmig dem Himmel zu. Auf einer Tafel kann man Wissenswertes über die Wasserscheide als Ort der Kraft lesen. Das Wasser, welches von der kleinen Anhöhe nach Norden rinnt, fließt der Lainsitz und damit über Moldau und Elbe der Nordsee zu. Richtung Süden entwässert das Land über Kamp und Thaya der Donau und damit dem Schwarzen Meer zu.

Der Weg nach Siebenlinden ist schön zu gehen, in der Nähe von Schwarzenbach komme ich an einem romantischem Waldteich vorbei, und vor der Kirche in Siebenlinden wirft die flache Sonne den Schatten der Thujenhecke auf eine alte Steinmauer gegenüber. Die Kirche steht an der Berglehne des ehemaligen Burghügels. Es ist viertel elf, als ich eintrete. Die Kirche ist schön renoviert, und mein Blick fällt zu erst auf die Deckenmalerei mit König David und seiner Harfe und den Propheten Jeremias, der über die Zerstörung Jerusalems trauert. Der neugotische Hauptaltar wurde 1897 von Josef Andergassen errichtet und trägt in der Mitte den Hl. Jakobus den Älteren, die Seitenreliefs den Hl. Antonius von Padua und den Hl. Leonhard. Unterhalb der Kirche steht der Wilhelm-Szabo-Gedenkstein. Der Lyriker Szabo war hier als Lehrer tätig, bevor er Direktor der Hauptschule Weitra wurde. Ich bin dort zur Schule gegangen und ihm wohl jeden Tag begegnet. Ein würdevoller, etwas abgehobener Herr mit schlohweißem Haarkranz, dessen geschliffene Sprache nicht jedermann zugänglich war. Während der Nazizeit arbeitete er als Gärtner im Stift Zwettl, seine Frau war Halbjüdin. Die Zisterzienser boten den beiden dort überlebensnotwendigen Unterschlupf. In Weitra wohnte er im altehrwürdigen Castellihaus, welches aus der ehemaligen Friedhofskapelle entstand, die 1520 erbaut worden war. Ignaz Franz Castelli, Dichter der Biedermeierzeit, verbrachte dort seine Ferien im Hause seiner Eltern. Ein wahrhaft passendes Domizil für einen Lyriker? Er hat meiner Heimatstadt Weitra ein Gedicht gewidmet, welches ich dir, lieber Leser, nicht vorenthalten möchte.

Nächtens, wenn die Notabeln
der Kleinstadt im Kruge versammelt sind,
stehn feldaus, wo die Straßen sich gabeln,
die Wegweiser, schattenhaft, blind.

Sie weisen hinein ins Düster.
Am Meilenstein dunkelt die Zahl.
Wind bläst aus schwarzer Nüster
der Wälder, die Stoppel ruht fahl.

Geschwätzig das Röhricht raunt Fabeln,
die schweigsam der Weiher besinnt,
nächtens, wenn die Notabeln
bei den Karten versammelt sind.

Ich verlasse Siebenlinden, gehe den Berg hinauf und komme aus dem Staunen nicht heraus. Wieder einmal wird mir bewusst, welch großartige Arbeit unser Bauern leisten. Handtuchgroße Felder, getrennt von einem schmalen Rain, ziehen sich in sanften Kurven parallel quer zum Hang. Es ist wirklich großartig anzusehen, wie so mancher Bauer die Tücken des stark kopierten Geländes meistert und so zum Landschaftsarchitekt wird. Nicht Schwert und Lanze haben die wichtigsten Siege im Waldviertel errungen, sondern hart arbeitende Bauern, die mit dem Pflug dem kargen Boden Jahr für Jahr seine Früchte abringen. Das Gesetz von Aussaat und Ernte ist seit Jahrtausenden immer noch dasselbe, und so sind unsere fleißigen Waldviertler Bauern nicht nur Versorger, sondern auch Landschaftsgestalter und Landschaftserhalter!

Ein Stück außerhalb von Siebenlinden steht genau am 15. Längengrad wieder ein Meridianstein, geschaffen vom Schweigginger Bildhauer Engelmayer. Unmittelbar in der Nähe ist die sogenannte „Moata" ein besonderes Kleinod bäuerlicher Volksfrömmigkeit. Die Sage erzählt uns, dass Josef Edinger hier beim Holzfällen im Baumstumpf einer Föhre einen seltsam geformten Harzeinschluss fand, welcher den Umriss der Mariazeller Gottesmutter hatte. 1892 errichtete der Bauer an der Fundstelle dieses Marterl. Bis zum 1. Weltkrieg kamen angeblich an manchen Tagen bis zu tausend Pilger hierher. So weit, so gut. Doch 1999 wurde auf Privatinitiative und wohl mit dem Gedanken, wiederum Pilger anzulocken, ein monströses Dach darüber errichtet. Schade um das schöne Marterl, welches darunter nun überhaupt nicht mehr zur Geltung kommt. Ein Stück weiter davon steht der Jahrtausendlebensturm auf dem Holmberg, erbaut im Jahre 2001. Der 30 m hohe Turm gewährt einen weit reichenden Ausblick auf das Obere Waldviertel, im Eingangsbereich befindet sich ein kleines Museum. Der Jahrtausendlebensturm zwischen Siebenlinden und Großwolfgers bietet eine phantastische Aussicht über das Obere Waldviertel.

Die Straße führt nun ein Stück bergauf und ich bin in Großwolfgers, also wieder im Gemeindegebiet von Weitra. Auf einem kleinen Hügel außerhalb des Dorfes steht die Kirche mit einer schönen gotischen Madonna. Sie wird von Robert Haumer betreut, der dort nicht nur die Orgel spielt, sondern auch eine Menge bäuerlichen Geräts zusammengetragen hat. Auf dem umstrittenen Kreisverkehr blinzelt mir ein aufrecht stehender, hölzerner Wolf entgegen. Er sieht freundlich aus im Gegensatz zu jenen verstreuten Rudeln, die nun wieder das Land durchstreifen,

Der Ulrichser Teich dient ebenfalls der Karpfenzucht.

furchtsame Schafe reißen und Naturschützern, Bauern und Jägern gegensätzliche Kommentare entlocken. Ich durchquere den Ort und nehme den Hang unter meine Füße. Immer wieder öffnet sich der Wald und gewährt mir einen Blick in das weite Land. Der Herbst liegt in seinen letzten Zügen, die Buchen haben ihr Laub schon fast zur Gänze abgeworfen, nur die gelben Birkenblätter leisten Widerstand, klammern sich an die Äste. Hügelketten bauen sich in der Weite auf, zwei, drei hintereinander, um sich im Dunst der Weite zu verlieren. In Wetzles steht eine Lärche, das Gehöft davor goldgelb überstrahlend. Ich wandere durch ein schmales Tal den kleinen Bach entlang,

Die Kirche in Altweitra ist ein Musterbeispiel der Romanik.

der nicht sehr viel Wasser führt, da der Herbst sehr trocken war. Wie überall im Waldviertel ist auch hier die Niederschlagshäufigkeit in den letzten Jahren drastisch zurückgegangen. Die Weiden sind allesamt schon kahl, strecken ihre Äste einem spröden Himmel entgegen. Meine Wanderschuhe schieben in schnellem Schritt das Laub raschelnd auseinander. Erinnern mich daran, Schritte als Wissen und Wandern als Denken zu begreifen, so wie es viele indigene Völker tun. Für die Turkana in Ostafrika ist das Gehen die existenzielle Daseinsform, nach einem langen Marsch bleiben sie kurz vor ihrem Zielort stehen, damit die Seele sie einholt. Denn: Nur zu Fuß hält die Seele Schritt! Für die Apachen wiederum sind Wege Pfade in die Vergangenheit, die ihre Vorfahren bereits ausgetreten und Gedächtnisspuren hinterlassen haben. Auf diesem Pfad aber sind schon lange keine Menschen mehr gegangen, er ist in weiten Teilen zugewachsen, ja fast unpassierbar. Es ist ein Zeichen unserer schnelllebigen Zeit, dass man sich nur mehr auf Straßen weiter bewegt, und alte Wege wie Kirchensteige und Verbindungen zwischen den Dörfern abkommen und nicht mehr gepflegt werden.

Ich wandere gerne auf solchen Wegen. Das Wandern auf alten, ausgetretenen Wegen hat mich immer schon fasziniert. Auch die Werke der Weltliteratur sind voll von Reisebeschreibungen und Wanderführern, Abhandlungen, Landkarten, Gedichten und Essays. Henry David Thoreau hat uns in seiner unvergleichlich romantisierenden Sprache seine Gedanken in „Vom Gehen durch die Natur“ hinterlassen, und Bruce Chatwins „Traumpfade“ bilden eine einzigartige Enzyklopädie der Unstetigkeit, vom Glück und Unglück des Gehens. Schon als Bub verschlang ich Bücher über Expeditionen in ferne Länder. Heinrich Harrer, Herbert Tichy und A.E. Zwilling waren meine großen Vorbilder, und so war es auch kein Wunder, dass ich weder Pilot noch Lokführer, sondern immer nur Forscher werden wollte. Auch die Fantasie von Karl May habe ich stets bewundert, dessen Abenteuer sich nur in

Die Fresken in der Ursprungskapelle

Unserfrau war einst ein wichtiger Wallfahrtsort.

seinem Kopf abspielten, der die Länder, die er beschrieb, gar nicht gekannt hat.

In Ulrichs steht die Kapelle zwischen zwei alten Linden. Eine davon ist irgendwann einmal gestutzt worden, doch die andere neigt sich mit mächtiger Krone verdächtig nach rechts. Es sieht fast aus, als wolle sie fallen und kann es nicht. Zwei junge Frauen plaudern am Gartenzaun, so wie es seit Jahrhunderten üblich ist, und Eva ist so nett und bringt mir ein Glas Wasser. Immer wieder bin ich auf meiner Wanderung Menschen begegnet, die mir Speise und Trank anboten und wissen wollten, woher ich komme, wohin ich gehe und vor allem aber, warum ich gehe.

Im Ulrichser Teich, einem Karpfenteich der Herrschaft Fürstenberg, spiegelt sich die flache Nachmittagssonne mit den Wolkenschlieren, buntes Laub treibt gemächlich dahin in einem leichten Wind. Die Bäume am Damm sind längst schon kahl, strecken ihre Arme dem lebensspendenden Wasser zu. Die Baumsäfte haben sich in die Stämme zurückgezogen, ihre Tätigkeit auf ein Minimum beschränkt, um im Zyklus der Jahreszeiten nun zur Ruhe zu kommen. Der Ulrichser Teich dient ebenfalls der Karpfenzucht

Die Kirche in Altweitra ist die älteste im Bezirk Gmünd. Errichtet im Jahre 1185, zeigt sie all die erforderlichen Elemente der Romanik: Langhaus,

Chorquadrat und Apsis. Die Kirche in Altweitra ist ein Musterbeispiel der Romanik. Innen und außen unverputzter Granit, schmale Trichterfenster und noch schmälere Mauerschlitze, welche das Licht in den Dachboden darüber lenken. Die Kirche berührt mich immer wieder, und ich male mir aus, wie die Maurer den schweren Granit heranschleppten und Stein auf Stein folgen ließen. In der Kirche sind drei schöne gotische Statuen zu sehen – Maria, Apollonia und eine, die man nicht kennt, da ihr die Attribute fehlen. Hinter der Orgel führt eine Leiter in das Dachgeschoss und man kann erkennen, dass es hier früher einmal einen Zwischenboden gegeben hat. Die Sage erzählt von einem Malteser-Spital für die Kreuzritter, doch es ist für mich unvorstellbar, wie man Kranke da hinauf bringen hätte sollen. Hinter der Kirche ist ein halbrunder Bau zu sehen, das Mausoleum der Fürstenberger. Zwischen den granitenen Säulen ist Ziegelmauerwerk zu erkennen mit Tafeln der Verblichenen. Die Särge hat man in waagrechte Schächte geschoben und dann verschlossen. Karl Egon Fürst und Landgraf zu Fürstenberg ist der Letzte seines Geschlechtes, der hier am 23. September 1973 seine Ruhestätte gefunden hat.

Die zwei Dörfer Altweitra und Unserfrau liegen dicht nebeneinander, beide haben eine interessante Kirche. In Unserfrau, auf der anderen Seite der Bundesstraße, bin ich geboren worden. Eine Stiege führt zum zinnengekrönten Friedhofstor, der mächtige Turm lugt darüber. In der fünfschiffigen Kirche, deren Säulen im Innenschiff für mich ein Musterbeispiel an Leichtigkeit und Transparenz bilden, steht eine schöne frühgotische Madonna. Neben der Kirche ist die äußerlich unscheinbare Ursprungskapelle zu sehen mit ihren großartigen Fresken im Inneren. Der leidende Christus oben am Gewölbescheitel, in den Ecken die Propheten, das Schweißtuch der Veronika über der rußgeschwärzten Altarnische, alles umrankt mit prächtigem Akanthus. Doch in der Türlaibung am Ausgang steht mit Rötelstift geschrieben ein Spruch, der mich gleichermaßen verwundert wie fasziniert. In der derben Sprache von 1510 und noch dazu in einem sakralen Gebäude kann man Sonderbares lesen:

FROMM SEIN SCHADT NICHT,
ALLZU FROMM GEDEIHT NICHT
HALB FROMM VIEL SCHADEN KANN:

WENN ES IM LANDE WERDEN TÄT
DAS MAN ALLEN HUREN
DIE NASEN ABSCHNEIDT
SO WÜRDE MANCHER FROMMER MANN
EIN WEIB OHNE NASEN HAM.

In längst vergessener Zeit war Unserfrau ein vielbesuchter Wallfahrtsort. Damals gab es noch zwei Gasthäuser im Dorf, nun kein einziges mehr. Mein Großvater hatte hier eine Greißlerei, ich bin in dessen Haus geboren worden. Selbstredend gibt es auch diesen Laden nicht mehr. Wilhelm Szabo, der hier ebenfalls als Lehrer gewirkt hat, widmete Unserfrau den Lyrikband „Das fremde Dorf".

Meine Wanderung neigt sich langsam dem Ende zu. Von Unserfrau bis Schagges ist es nicht weit. Knapp vor Heinrichs steht am Straßenrand der sogenannte „Schillingstein" mit dem rot-weiß-roten Wappen, der Jahreszahl 1926 und der Aufschrift „Einigkeit macht stark". Genau dort steige ich in den Erlebnisweg ein, den ich schon oft gegangen bin. Für mich ist er einer der schönsten Wanderwege des Waldviertels. Eine Menge an beeindruckenden Granitformationen sind hier zu finden und jede trägt einen klangvollen Namen – Frauenschuh, Liebeslaube, Mausefalle, Hut, Schinderberg, Mandlstein. Einzigartig ist der Doppelwackelstein, wo sich Stein auf Stein bewegen lässt.

Mein Ziel ist der Mandlstein, der Schicksalsberg der Heimatvertriebenen. Ein paar Schritte unterhalb des Gipfelfelsens beginnt die Grenze zu Tschechien. Jedes Jahr kommen sie hierher am letzten Sonntag im August, feiern die Messe und werfen einen Blick vom Gipfelkreuz in die verloren gegangene Heimat. Nach Gratzen, Beneschau, Weißenbach und vor allem zum Wallfahrtsort Maria Bründl am Gegenhang, heute Dobra Voda genannt. Dorthin, wo sie einst wohnten. Dorthin, von wo sie vertrieben wurden. Doch das Häuflein wird immer kleiner, ihre Kinder kennen die alten Orte nur mehr aus Erzählungen, finden keinen

Der Doppelwackelstein am Erlebnisweg Heinrichs

Bezug zur ehemaligen Heimat ihrer Eltern. Ganz draußen, wo der Horizont sich im Dunst der Weite verliert, tauchen riesige Ungetüme auf, bedrohlich, beängstigend, die Kühltürme des Atomkraftwerkes von Temelin. Sollte dort jemals etwas passieren und der Wind in unsere Richtung wehen, dann bekommen wir als erste die ganze Ladung zu spüren!

Am Gipfel treffe ich ein Ehepaar aus Gars. Er ist Kurgast im nahen Moorbad Harbach, seine Frau mit dem Hund zu Besuch. Wir freuen uns gemeinsam über diesen schönen Tag im Spätherbst. Ich steige den schmalen Pfad zum Fuß des gewaltigen Granitmassivs hinunter, blicke von unten hinauf, muss unwillkürlich lachen. Ein

Aufsatz aus meiner Schulzeit fällt mir ein, wo ich damals diese Plattentektonik wie folgt beschrieben habe: „Die Granitplatten liegen aufgetürmt wie Brotlaibe in der Backstube der Titanen". Wenn ich ehrlich bin, so denke ich mir, dann könnte ich sie auch heute nicht besser beschreiben. Platte folgt auf Platte, manchmal schmal, manchmal breit, Überhänge bildend, und Nischen, Absätze und Vorsprünge. Ich schließe mein Augen und stelle mir vor, wie hier oben kleine Mandln tanzten, eben diese, die dem Berg den Namen gaben. Doch das ist Phantasie. In Wahrheit erhielt der Berg seine Bezeichnung eben von diesen mandelförmigen, erratischen Granitplatten, welche aufeinandergeschichtet den Gipfel bilden. Am mittleren Felsblock des Gipfels ist der Name des Volksdichters Castelli eingraviert, der seinerzeit den „Berggupf" um fünf Gulden gekauft haben soll.

Im Gegensatz zum benachbarten Nebelstein ist der Mandlstein aus feinkörnigem, glattem Eisgarner Granit. Der Blick von unten auf den markanten Gipfelfelsen ist einzigartig. Mich stören jedoch die beiden stählernen Finger, die über den Gipfel ragen, zwei neugeschaffene Aussichtsplattformen, die absolut unnötig sind. Denn all das, was man von dort sieht, kann man auch vom flachen Gipfelfelsen aus erkennen. Naturliebhaber und Wanderer brauchen so etwas nicht. Doch es ist der Zug der Zeit, in der man alles institutionalisieren und regeln muss. Die Natur aber ist im Waldviertel Schauspiel genug, Bühne und Kulisse zugleich, braucht keine Inszenierungen. Das „Steinerne Tor" ist so ein kleines Wunder. Die übereinander gelappten Felsblöcke ergeben ein Tor, durch das sich bequem schreiten lässt. Geologisch betrachtet ist es eine von Kluftkörpern überdachte Spalte. Der rote Punkt im weißen Kreis zeigt an, dass das Tor Teil des Erlebnisweges ist, der hier durch einen schönen Buchenwald in die Göllitz hinunter führt.

links: Das Gipfelkreuz am Mandlstein

Der Blick vom Gipfelfelsen reicht weit bis nach Tschechien. Am Horizont, drohend und beängstigend nah, die Kühltürme des AKW Temelin

Das „Steinerne Tor" unterhalb des Gipfelfelsens

Richtung Reinprechts führt eine Forststraße bergab. Urplötzlich lichtet sich der Hochwald, gibt den Blick frei auf „meine Hauptstadt Weitra", die zu den schönsten des Landes zählt und reich an kunsthistorischen Sehenswürdigkeiten ist. Wo ich als Nachtwächter die Runde drehe, unseren Gästen von den Besonderheiten der kleinen Stadt erzähle. Dass eben Weitra die älteste Braustadt Österreichs ist und im Mittelalter ein bedeutender Grenzposten gegen Böhmen war. Erkläre den wunderschönen Rathausplatz, welcher sich von Nord nach Süd aufstaffelt, mit all seinen herrlichen Bürgerhäusern und dem neuklassizistischen Rathaus in der Mitte. Deute die Bilder auf dem großen Sgraffitohaus mit den Legenden des Titus Livius aus römischer Frühgeschichte und den zehn Lebensaltern eines Mannes,

köstlich ironisch verglichen mit den Eigenschaften eines Tieres. Zeige die alte Apotheke mit ihrer reichgeschmückten Fassade. Die spätgotische Holzbalkendecke im Auhof, die wohl einzigartig ist. Die Zisterne aus dem 14. Jahrhundert, durch Zufall entdeckt. Die Stadtpfarrkirche mit ihrem wuchtigen Turm, einer großartigen Barockkapelle und interessanten Fresken. Das mächtige Renaissanceschloss, welches vornehm auf die Stadt zu ihren Füßen hinunterblickt und, und , und ...

Blick auf Weitra

Wehmut und Stolz überkommt mich. Wehmut, weil ich weiß, dass meine Wanderung nun bald ein Ende hat. Stolz, weil ich meine „Waldviertel-Expedition durch alle vier Jahreszeiten" geschafft habe. Dreiundvierzig Tage bin ich durch die wunderschöne Landschaft des Wald-

Die unverfälschte Natur des Gabrielentals bei Weitra ist Labsal für Seele und Körper.

viertels, meines Waldviertels, „rundumadum" gewandert. Durch Frost und Kälte, Raureif und Schnee, Wind und Regen, Nebel und Sonnenschein. Viele Leute habe ich getroffen, mit Machern gesprochen, die etwas bewirkt haben im Lande. Pionieren, Firmengründern, Heimatdichtern, Museumsgründern, Gestaltern und Bewahrern der Landschaft und seiner Kultur. Viele Fotos habe ich geschossen, viel zu viele, an die viertausendfünfhundert werden es wohl gewesen sein. Habe bekannte Kostbarkeiten besucht, neue Schätze entdeckt und zu mir selbst gefunden. Das kann man nur erreichen, wenn man geht, weg-geht von zu Hause, ausgetretene Pfade verlässt und sich mit der Natur verbündet.

Die positive Wirkung der Natur auf Körper und Psyche, und die Faszination, der Natur beim Wandern näher zu sein, ist Grund genug, mehr Zeit draußen zu verbringen. Wieder einmal ein paar Meter barfuß gehen wie in der Kindheit. Flussaufwärts durch einen Bach waten, den Widerstand des fließenden Wassers an den Füßen spüren. Die Augen schließen, einen Baum umklammern, ihn abtasten, fühlen, ob die Rinde glatt oder schorfig ist. Den Duft des frischen Heus und der Wiesenblumen riechen. Über bemooste Steine klettern. Feuchte Ackererde durch die Finger rieseln lassen. Wind und Regen auf der Haut spüren. Kälte fühlen, um die Wärme wieder schätzen zu lernen. Alles um sich herum bewusst wahrnehmen, erfahren, erkunden, erleben. Bewusstsein ist Schöpfung!

In Reinprechts gehe ich an der alten Kapelle und an schönen Bauernhöfen vorbei und schlage den Güterweg nach Wultschau ein. Gehe ich nun bewusst etwas schneller? Oder sind es meine Gedanken, die mich nach Hause lenken, Befehle an meine Beine schicken, mich doch schneller zu bewegen? Bald bin ich im Gabrielental, kehre an die Lainsitz zurück, die sich durch das schmale

Das neuklassische Rathaus von Weitra dominiert den großen Platz.

Die Bilder des Sgraffitohauses erzählen von der römischen Frühgeschichte und den zehn Lebensalters eines Mannes.

Waldtal zwängt. Jeder Stein ist mir hier vertraut in dieser romantischen Umgebung, die seit jeher Spaziergänger anzieht mit ihrer Vielzahl an Steindenkmälern und prachtvollen, hohen Bäume. Eine Sommerseite gibt es hier, demgemäß auch eine Winterseite. Steine und Tal sind benannt nach Gräfinnen und Prinzessinnen derer von Fürstenberg. In der Biedermeierzeit hat man hier Feste gefeiert bei Lampionbeleuchtung und Kammermusik, hat sich dem Naturgedanken nach Jean Jacques Rousseau ergeben, Picknicks veranstaltet und sich in frischer Waldluft vergnügt.

Das Wasser der Lainsitz sprudelt über die Steine, weiße Wellenkämme leuchten auf, morsches Holz liegt am Uferrand, tot und doch voller Leben mit Käfern und Spinnen, Moospolstern und Baumschwämmen. Laub staubt unter meinen Schuhen auf, rieselt die Hänge herunter. Die Natur kennt die Zeichen der Zeit und ihre Zyklen, lässt nun ihre Säfte erlahmen, stellt sich ein auf Ruhe in der Winterzeit. Auch wir Menschen sollten uns wieder mehr auf unsere Urinstinkte verlassen, uns nicht so sehr mit dem Tun beschäftigen, sondern mehr mit dem Sein! Eine längere

Es dämmert – Zeit zum Nachhausekommen!

Wanderung kann das „innere Feuer" wieder in einem erwecken, man kann in-sich-gehen und ankommen.

Schnellen Schrittes lasse ich die Kneippanlage rechts liegen, gehe auf schmalem Pfade neben der Lainsitz zum Bürgerspital mit seiner Kirche, steige die Stiege zur Promenade hinauf, wandere der Stadtmauer entlang zum Stadttor und trete ein auf den Rathausplatz von Weitra, der wohl zu den schönsten Plätzen Österreichs zählt – ich bin wieder daheim!

ENDE